KB071819

어른의 새벽

한 그루의 나무가 모여 푸른 숲을 이루듯이
청림의 책들은 삶을 풍요롭게 합니다.

나를 깨우는 하루 한 문장 50일 고전 읽기

어른의

새벽

우승희 지음

청림출판

나를 어른답게 만들어준 새벽의 힘

순자는 "정말 그 안에 없는 것은 반드시 밖으로 이를 구한다(구무지중자 필구어외 苟無之中者 必求於外)"고 했다. 고전에서 찾은 하나하나의 문장은 모두 나에게 없는 것들이었다. 그래서 이 책은 내가 평소에 지키지 못한 것들에 대한 반성이자 강조이다.

고전을 읽으면서 삶에서 지나쳤던 것들에 대해 많은 생각을 해볼 기회를 가졌다. 삶에서 가볍게 여겼던 것들, 큰 의미를 가지지 않았던 것들을 진지하게 생각해볼 수 있었다. 때로는 잊고 싶은 과거나 어리석었던 생각들을 다시 끌고 와서 따져보는 것이 힘겹게 느껴지기도 했다. 나의 삶을 반추하고 성찰하는 일은 즐거운 일이 아니었기 때문이다. 그럼에도 지나온 삶의 구석구석에서 의미를 끌어내는 과정 덕분에 삶이 조금 더 가벼워졌다는 생각을 한다. 삶을 가볍게 하려면 우선 무겁게 대해야 한다는 것도 알게 되었다.

글을 쓰는 내내 나의 생각이 일관되지 않다는 생각이 들었다. 독립적으로 살아야 한다고 하면서 때로는 서로 의지하면서 살아야 한다고 하고, 아무것도 하지 않는 시간을 중시하면서도 멈추지 않고 유동하는 삶을 주장하기도 했다. 아마 이런 모순을 찾으면 한두 가지가 아닐 것이다. 그러나 일관된 것보다 모순된 것이 삶을 더욱 풍성하게 한다는 생각도 든다. 더불어 내가 일관된 사람이 아니라는 것을 아는 것은 나에 대해 언제나 더 깊은 고민을 가능하게 해주는 장점이 있다. 일관성이 필요한 곳에서 왜 나는 일관성을 가지지 못하는가. 혹은 모순될 수밖에 없는 상황에 나는 어떻게 대처해야 하는가. 이런저런 고민들이 오히려 삶에 끊임없이 긴장감과 불안함을 불어넣는다. 나에 대해 단정할 수 없다는 점이 나에 대해 알고자 하는 마음을 중단할 수 없게 해준다.

이 글을 세상에 내보내게 될 것을 알았지만, 최대한 그 생각으로부터 거리를 두려고 했다. 남에게 보여주기 위한 글이 아니라, 나만을 위한 글이 되어야 한다고 생각했다. 고전에 대한 이해는 부족할지 몰라도 글의 진정성은 잃지 않아야 했기 때문이다. 그래서 고전이 품고 있는 생각들이 나 자신의 삶에 도움이 되었으면 하는 뚜렷한 목적을 가지고 썼다.

이처럼 내밀하고 주관적인 고백으로 이루어졌지만, 동시에 나는 이 책이 고전을 제대로 읽고 싶어 하는 분들에게 도움이 될 수 있기를 기대한다. 그리고 나같이 인생의 새로운 분기점을 맞은 사람들에게, 어수선한 주변을 정리하고 자신을 충전하길 원하는 사람들에게 이 책이 '어른'으로 성장하기 위한 작은 발판이 될 수 있었으면 좋겠다. 특히 '새벽'이라는 고요하고 깊은 여백의 시간에 하루를 새롭게 시작하고 더 나은 일상을 살아갈 동력을 얻기를 바란다. 50일이라는 기간 동안 실천 가능한 독서의 목표를 가지고 하루에 한 꼭지씩 숙독하며 자신만의 공간과 시간을 마련하는 계기가 되었으면 좋겠다. 이것이 이 책의 제목이 '어른의 새벽'으로 정해진 이유이기도 하다.

　내 글에 공감하는 독자도 있겠지만, 완전히 다른 판단을 하는 이도 있을 것이다. 공감한다면 그 자체로 위로받을 수 있을 것이다. 나와 생각이 완전히 다르다고 해도 자신의 삶에 비춰보고 작게나마 도움을 얻는다면 이 글을 나누게 된 것에 감사할 따름이다.

2022년 10월
우승희

2장   나다운 삶을 완성하는 지혜

3장　나로부터 시작되는 인간관계

4장 성장하는 나를 위한 일상의 원칙

1
장

오늘 하루를
꽉 채우는 습관

새벽은
삶을 되찾는 시간이다

"겉모습이 바르지 않은 사람은 덕이 오지 않고,

마음속에 정성이 없는 사람은 마음이 다스려지지 않는다."

형부정자 덕불래 중부정자 신불치形不正者 德不來 中不精者 心不治

_《관자管子》〈심술 하心術 下〉

시간은 때에 따라 그 깊이와 농도가 다르다. 새벽의 한 시간과 오후의 한 시간은 같지만 전혀 다른 색깔과 형태를 가지고 있다. 새벽이 땅에 단단히 뿌리를 박고 있는 소나무라면, 낮 시간은 이리저리 떠돌아다니는 부평초 같은 모습일지도 모르겠다. 낮은 순식간에 내 시간을 빼앗아 가지만, 새벽은 계절의 변화에도 항상성을 유지하는 소나무처럼 의지만 있으면 누구에게도 방해받지 않을 수 있기 때문이다. 세상이 아직 깨어나지 않은 고요한 시간에는 온전히 내가 하고자 하는 일에 마음을 쏟을 수 있다.

관자는 겉모습을 바르게 하면 덕이 저절로 찾아오고, 마음속에 정성을 채우면 마음을 다스릴 수 있다고 했다. 마음속에 정성을 가지려면 진실함과 성실함을 잃지 않으려는 부단한 노력이 필요하다는 것이다. 그런데 구체적으로 어떻게 실행해야 할지에 대해서는 답을 찾기가 어렵다. 도대체 바른 모습과 간절한 마음은 어떻게 얻을 수 있는 것일까. 그때 떠오른 게 새벽이라는 시간이었다. 매일 하루를 바로 세우려는 정성이 나의 하루를 다스리고 나의 마음을 정돈할 수 있는 좋은 방법이 되어주지 않을까.

새벽, 오롯이 나에게
집중할 수 있는 시간

새벽은 하루의 일과를 시작하기 직전이다. 하루를 본격적으로 시작하기 전, 나에게 2시간 남짓이 주어진다. 그 안에 글쓰기와 일기 쓰기, 그리고 운동을 한다. 길지 않은 시간 안에 하고자 하는 일을 다 해야 하기 때문에 새벽만큼 바쁜 시간도 없다. 글을 쓰는 사람들은 마감기한이 작품을 완성하는 방법이라고 한다. 그와 마찬가지로 나에게 새벽은 하루를 시작하기 직전에 해야 할 일을 끝내야 하는 마감기한과 같다. 내가 정한 일을 새벽에 모두 끝내지 않으면 오늘 다시 똑같은 기회가 주어지지 않는다는 것을 알기 때문에 더욱 집중할 수밖에 없다.

처음에는 새벽에 일어난다는 사실 하나가 굉장한 의미를 가진다고 생각하지 않았다. 그 시간 동안 어떤 눈에 보이는 성과가 만들어지지 않는다면 그저 하루의 사소한 습관에 지나지 않는다고 여겼다. 방해받지 않는 시간, 오롯이 혼자가 될 수 있는 시간일 뿐이니 결국 그 안에 무엇을 담는가가 중요하다고 생각했다. 어떤 일을 하고, 그 일이 쌓여서 구체적인 결과가 만들어져야 비로소 새벽이 큰 의미를 가진다고 믿었다. 그러나 생각했던 것과 달리, 특별한 성취를 이루지 않았는데도 새벽 기상을 이어가면서부터 나 자신에 대한 확신이 생기기 시작했다.

　　나는 어떤 사람일까, 나는 부지런한 사람일까, 나는 하고자 하는 일을 할 수 있는 믿음직한 사람일까, 스스로에 대해 확신할 수 없을 만큼 불안정한 사람일까. 나에 대한 이런저런 물음과 마주하면 언제나 부정적인 답을 할 수밖에 없었다. 나는 그렇게 부지런한 사람도 아니고, 뭔가를 지속할 수 있는 끈기도 없고, 스스로에 대한 믿음이 확고한 사람도 아니었다. 그런데 새벽에 일어나 정한 일을 할 뿐 딱히 뚜렷한 성과가 나타난 것도 아닌데 나 스스로를 부지런한 사람, 약속을 잘 지키는 사람이라고 규정하기 시작했다. 새벽에 일어나기로 한 것을 하루라도 지키지 않는다고 해서 문제될 일은 없다. 그럼에도 철저하게 지키기 시작한 순간부터 자기 자신에 대한 단단한 믿음이 생긴 것이다.

새벽은 삶에

들이는 정성이다

\

《논어論語》에는 "꾸밈이 바로 바탕이고, 바탕이 바로 꾸밈이다. 호랑이와 표범의 털 없는 가죽은, 개와 양의 털 없는 가죽과 같다(문유질야 질유문야 호표지곽유견양지곽文猶質也 質猶文也 虎豹之鞟猶犬羊之鞟)"는 말이 있다. 호랑이처럼 힘이 세도 호랑이의 무늬를 가지지 않으면 호랑이가 아니고, 표범처럼 사나워도 표범의 무늬가 없으면 표범이라고 할 수 없다. 호랑이는 호랑이의 무늬로 호랑이라는 것을 알리지 스스로 호랑이라고 말해서 호랑이가 되는 것은 아니다. 일정한 시간 안에 어떤 유의미한 일을 했느냐도 중요하지만, 새벽에 일어나는 것으로 나를 꾸미는 순간 내가 부지런한 사람이고 믿을 수 있는 사람이라고 여기는 바탕이 생겼다. 새벽에 하루를 시작하는 것은 호랑이와 표범의 가죽 무늬처럼 내가 어떤 사람인지를 나 자신에게 강력하게 보여줄 수 있는 수단이었다. 매일 일정한 시간에 일어났다는 사실 하나만으로도 내가 얼마나 부지런하고 신뢰할 만한 사람인지에 대해서 더 이상 설득할 필요가 없게 된 것이다.

부지런함을 꾸미는 일은 언제나 스스로를 흡족한 눈으로 바라볼 수 있게 해준다. 이런 마음으로 하루를 시작하면 이전과 다를 바 없는 생활을 하는 것처럼 보여도 그 마음은 같지 않다. 하루가 바로 서고 마음이 바로서는 느낌이 들면 하고 싶지 않았던 일, 미뤄도 상관없다고 생각했던 일들을 받아들이기가 더 쉬워진다. 하루의 남은 시간들이 내 의지대로 흘러가지 않는다고 해도 상관없다. 이미 내 의지대로 하루를 바로 세웠기 때문이다. 내가 스스로 정한 시간에 정성을 다했기 때문에 그 여타의 시간을 철저하게 나의 시간으로 만들 필요가 없어졌다. 새벽에 일어나는 것이 변하지 않는 일상생활을 대할 때도 편안하고 느긋한 태도를 가지게 해주었다.

《여씨춘추呂氏春秋》의 "치밀하고 투철하게 익히면 귀신이 장차 일러준다(정이숙지 귀장고지精而熟之 鬼將告之)"는 언제나 용기를 주는 말이다. 이는 노력하면 진짜로 귀신이 알려준다는 뜻이 아니다. 정성을 다하면 반드시 어떤 형태로든 유익함을 얻을 수 있다는 것을 말한다. 물론 새벽 시간이 항상 만족스럽고 행복하기만 한 건 아니었다. 힘들고 불안하기도 했다. 그 시간에 하는 모든 일이 쉽게 느껴지지 않았기 때문이다. 그러나 나는 새벽을 삶에 들이는 정성이라고 생각한다. 그 정성은 나 자신을 믿을 수 있는 힘을 주었고, 하고자 하는 일을 지속할 수 있게 해주었다. 그리고 그 자체로 삶에 어떤 변동이 생겨도 변함없이 지킬 수 있는 온전한 나만의 시간이 되어주고 있다.

새벽이 아니었다면 결코 지금까지 내가 바라는 것을 이어올 수 없었을 것이다. 새벽은 그 누구의 도움도 없이 내가 나를 일으켜 세울 수 있는 믿음과 힘을 주었다. 그래서 오늘도 그 시간의 바탕 위에서 정성된 마음으로 하루를 시작한다.

✳

흘러보내는 삶 속에서
오롯이 나만을 위한
시간을 찾는 건 어려운 일이다.

나는 새벽을 찾고 나서야
비로소 나만을 위한
미세한 공간을 만들 수 있었다.

✳

필사는
길을 잃지 않게 해준다

"연못가에서 물고기를 보며 부러워하느니 돌아가서 그물을 짜는 게 낫다."

임연선어 불여퇴이결망臨淵羨魚 不如退而結網

_《회남자淮南子》〈설림훈說林訓〉

연못가에서 물고기를 아무리 부러운 눈으로 바라본들 물고기가 저절로 내 손안에 들어오지는 않는다. 갖고 싶은 마음이 든다면 오히려 집으로 가서 그물을 짜야 물고기를 얻을 수 있는 가능성이 더 커진다. 꿈과 이상은 아무리 높고 멀다 해도 꾸준히 작은 실천을 하면 언젠가 다다를 수 있다. 지금 할 수 있는 것을 하지 않으면 할 수 없다고 생각되는 것에 도달할 수 없다. 먼 곳에 도착하기 위해서는 반드시 지금 준비해야 하는 것이 무엇인지 생각해보는 것이 우선이다.

나에게는 앎에 대한 욕구가 있었지만 어떻게 다가가야 하는지 알 수 없었다. 아니, 다가갈 수 있는지가 문제가 아니라 도대체 무엇을 해야 하는지 찾을 길이 없었다. 무엇을 읽어야 하고, 읽는다 해서 바로 익히게 되는 것인지 두려운 마음이 들었다. 더 이상 이 답답함을 억누를 수 없다는 생각이 들었을 때, 해묵은《논어》가 눈에 들어왔다. 답답한 인생, 길을 잃은 공부.《논어》라면 나에게 길을 주지 않을까.《논어》필사가 나에게 그물을 짜는 일이 되지 않을까. 그렇게 필사를 시작했다.

삶의 그물을 짜듯
필사를 시작하다

필사는 마음을 다잡기 위한 한 줄기 희망이었다. 힘든 마음이 항상 해가 되는 건 아니다. 마음이 힘들수록 글이 더욱 가까워지기 때문이다. 글은 마음이 즐거운 사람에게는 글일 뿐이지만, 괴로운 사람에게는 글 이상의 의미를 가진다. 하루하루 그물을 짜듯, 내 속도에 맞게 한 구절 두 구절 필사를 하면서 조금씩 마음이 누그러지는 것을 느꼈다. 필사하는 글을 얼마나 이해했는지는 먼 이야기라고 하더라도 내가 하루에 얼마의 분량을 썼는지 눈에 보이는 부분은 성취감을 안겨주었다.

알고자 하는 바를 마음속에 가지고 책을 읽으면 집중이 더 잘된다. 궁금한 점이 무엇인지 명확하면 책을 훨씬 더 효율적으로 읽을 수 있기 때문이다. 그런데 알고자 하는 바를 이미 가지고 있다는 것은 어떤 의미일까? 미지의 세계에 발을 들여놓기 전에도 호기심을 가질 수는 있지만, 실제로 접하기 전에는 막연하고 모호한 상태에서 벗어나기 어렵다. 일단 들어가서 경험해보아야 궁금한 것이 명확해지고 알고자 하는 것이 확실해진다.

의도를 갖고 책을 읽는 것은 이미 많은 책을 읽고 나서야 가능한 일이다. 밑줄을 치고 필기를 하면서 읽는 것도 또 하나의 좋은 책 읽기 방식이다. 그런데 이 방식 또한 읽고 이해할 수 있을 정도의 책을 읽을 때는 가능하지만 자신이 가지고 있는 지식의 범위를 넘어서는 책을 읽을 때는 쉽지 않다. 한 걸음도 걸을 수 없는 사막에서 경치를 감상하고 사진을 찍을 여유가 생길 수 있을까. 걷는 것조차 힘든데 말이다.

이럴 때 필사는 초행길의 안내자와 같은 역할을 한다. 물론 쉽게 지도를 보고 이미 많은 지식을 확보한 사람에게는 안내자가 필요 없다. 그러나 나처럼 관련 지식이 전혀 없어서 도저히 혼자 갈수 없다고 생각될 때는 필사라는 안내자와 동행하는 것이 혼자 무작정 달려가는 것보다 훨씬 유익하다. 얼마나 걸리는지는 중요하지 않다. 필사는 비록 오랜 시간이 걸리는 일이지만 아무리 어려운 책이라도 중간에 포기하지 않고 일정하게 써내려갈 수 있다는 장점이 있다. 내가 아무것도 모른다는 것을 비웃지 않고 끝을 보게 해준다. 끝이 있어야 시작이 있는 것처럼 필사를 한 번 한 책은 좀 더 쉽게 읽을 수 있다.

사소하고 느리게,
필사를 하며 얻은 것들

\

《논어》,《대학大學》,《중용中庸》,《맹자孟子》,《주역周易》,《장자莊子》,《노자老子》를 필사하는 데 꼬박 3년이 걸렸다. 그런데 나중에 옮겨 적었던 것을 떠올려 보니 아무것도 기억이 나지 않는 것 같고, 도무지 내가 이 시간을 왜 이렇게 허비했는지 알 수가 없었다. 물론 처음에는 필사를 하며 마음의 위안을 얻기도 하고 중간중간 마음에 와 닿는 이야기에 고개를 끄덕이기도 했었다. 하지만 아무리 확실한 일이라고 해도 얻는 게 없다고 느껴지면 마음은 다시 흔들린다. 이 그물은 완성될까. 나는 도대체 언제 물고기를 잡을 수 있을까. 그물만 짜다가 끝나버린다면 그 또한 의미 있는 일이라고 할 수 있을까. 3년이라는 긴 시간 동안 해왔던 것이 또다시 무용지물이 되면 나는 도대체 어떻게 해야 뭔가를 이해할 수 있는 사람이 될까.

그런데 글을 쓰기 시작하자 읽었던 내용들이 어렴풋이 떠오르기 시작했다. 고전들을 처음부터 끝까지 베껴 써보았기에 내가 원하는 구절들을 금방 찾아낼 수 있었다. 《회남자淮南子》에는 "새를 잡는 것은 그물의 한 코이다. 그런데 지금 한 코만 있는 그물을 만들면 때마다 새를 잡지 못하게 된다(라지일목야 금위일목지라 즉무시득조 羅之一目也 今爲一目之羅 則無時得鳥)"라는 구절이 있다. 글 한 구절을 찾기 위해서도 절대 한 구절만 읽어서는 안 된다. 맹자는 "폭넓게 배우고 자세하게 설명하는 까닭은 장차 핵심적인 요점을 말하는 것으로 되돌아오기 위해서이다(박학이상설지 장이반설약야博學而詳說之 將以反說約也)"라고 했다. 필사는 중요한 것만 찾아서 줄을 치고 이해하는 것보다 더디고 때로는 우둔해 보이기까지 한다. 하지만 전체를 넓게 읽어야 다시 핵심으로 들어갈 수 있다. 그런 의미에서 필사는 새를 잡을 수 있는 넓은 그물을 짜는 것에 가깝다.

《주역》에는 "지혜를 높고 원대히 하되 하늘처럼 하며, 실천은 땅과 같이 비근한 데로부터 시작된다(지숭예비 숭효천 비법지知崇禮卑 崇效天 卑法地)"라는 말이 있다. 무엇을 하고자 할 때 바로 다가서려 하면 오히려 다가서기 어렵다. 나에게 필사는 그물을 짜며 준비하는 비근한 발걸음이었다. 당장 바다로 나가서 물고기를 잡을 수는 없지만, 나는 필사를 하면서 내 위치에서 내 속도에 맞게 앞으로 나아갈 수 있었다. 지금 당장은 비루한 지식을 얻은 것에 불과할지라도, 그 과정을 통해 지난날에 대한 후회와 아쉬움에서 어느 정도 벗어날 수 있었고, 새로운 것을 꿈꿀 수 있게 되었다.

필사는 누구나 해볼 수 있는 사소한 실천이지만, 나는 필사를 하면서 절대 이해할 수 없다고 생각했던 것들에도 다가갈 수 있는 용기를 얻었다.

✳

내 삶의 목표가 지평선 위에 있는

뜬구름 같은 것이라고 해도

나는 조심스럽게 앞으로 걸어 나갈 것이다.

지금 내딛는 한 걸음만이

나를 그 목표에 가깝게 한다는 것을 알기 때문이다.

✳

3일차

저녁을 내려놓으면
하루가 달라진다

> "술이 극도에 이르면 어지럽고, 즐거움이 극도에 이르면 슬퍼진다."
>
> 주극즉란 락극즉비酒極則亂 樂極則悲
>
> _《사기史記》〈골계열전滑稽列傳〉

사물이란 지나치면 안 되며, 지나치면 반드시 쇠한다. 극에 이르는 것은 좋아 보이지만 높은 곳일수록 바람이 불고 춥다.《주역》의 '건乾괘'에는 "너무 높이 올라간 용이니 후회가 있다(항용유회尤龍有悔)"라는 말이 나온다. 가득 찬 것은 다시 비워져야 하고 높은 곳에 오르면 내리막뿐이라는 의미이다. 그래서 끝을 모르고 치닫는 것은 위험하다. 극도에 이르기 전에 적당함을 유지하는 것, 즉 중中에서 머무르는 것을 생각해보아야 한다.

저녁을 지나치게
즐길 필요는 없다

＼

하루 중에 저녁 시간은 항상 가장 즐거운 시간이 되어야 한다고 여겼던 때가 있었다. 매일 똑같은 일상 속에서 저녁은 하루를 마무리하고 정리하는 시간이기 전에 삶에서 즐길 만한 것을 찾는 시간이 되어야 한다고 생각했다. 저녁은 힘든 하루의 보상이 되거나 그런 일이 없더라도 즐거운 무엇을 행해야만 하는 시간이었던 것이다. 그렇다고 특별한 이벤트를 추구했던 것도 아니다. 다만 저녁 시간은 뭘 하든 길었으면 했고 늘 아쉬웠다. 하루 중에 가장 마음 편하고 즐거운 시간이라는 사실 하나만으로도 놓치고 싶지 않았던 것이다.

저녁을 길고 느긋하게 보내는 것은 어떤 의미였을까. 나는 그 시간을 통해 좋은 관계를 쌓기도 했고, 오락거리를 찾아내기도 했다. 그러나 장자는 "산림이나 들판에서 노닐면 아름다운 경치는 우리를 매우 즐겁게 만들어주지만 그 즐거움이 채 끝나기도 전에 슬픔이 뒤따른다(산림여 고양여 사아흔흔연이락여 낙미필야 애우계지山林與 皐壤與 使我欣欣然而樂與 樂未畢也 哀又繼之)"라고 했다. 지나치게 아름다운 경치가 슬픔을 가져다주는 것처럼 즐거움이 넘치는 시간 역시 채 끝나기도 전에 허무와 슬픔을 남긴다. 또한 그 감정을 받아들이기 힘들어 어김없이 또 다른 즐거움을 찾는다. 그래서 저녁은 극단의 기쁨과 슬픔이 반복되는 시간이었고, 슬픔을 잊기 위해 또 다른 즐거움을 부단히 찾아야 하는 시간이었다. 그러나 이제는 그것과는 성질이 다른 즐거움을 찾아내야 할 때가 온 것이라는 생각이 들었다. 순간적인 쾌락의 감정이 아니라 좋다고 여겨지는 삶의 모습을 찾고 싶었다.

저녁을 내달리게 놔두었을 때 분명한 것은 다음 날 하루가 바로 서지 않는다는 사실이다. 저녁 시간이 늘어날수록 다음 날은 그만큼 사라진다. 장자는 "하루하루를 떼어버리면 일 년이란 있을 수도 없고, 안이 없으면 밖이 없다(제일무세 무내무외除日無歲 無內無外)"고 했다. 즐거운 시간이 늘어나고 자꾸 쌓이다 보면 온전히 보낼 수 있는 하루는 점점 더 줄어든다. 그러다 보면 단 하루를 잃는 것이 아니라 삶 전체를 잃게 된다. 반대로 저녁을 하루를 정리하는 시간으로만 삼으면 즉각적인 즐거움은 멀어진다. 그러나 다음 하루를 온전하게 보낼 수 있고, 그 하루가 쌓이면 결국 삶 전체를 다시 얻을 수 있다.

저녁의 즐거움을 포기하자,
아침이 온전하게 주어졌다

저녁을 즐기는 걸 포기하는 게 쉬운 일은 아니었다. 사람들과 즐거운 시간을 보내다가도 빨리 마무리해야 한다고 생각하니 미안한 마음이 들기도 했고, 스스로도 아쉬운 마음이 들기도 했다. 하지만 저녁을 다채롭게 채우기보다 그냥 흘려보내기로 마음먹었다. 재미있는 시간을 가지기보다 매일 하루를 온전하게 되찾고 싶은 마음이 더 커진 것이다. 저녁의 즐거움에 나를 내맡기면서 사는 것보다 중심을 잡고 나의 의지대로 살아가야 할 때가 왔다는 생각이 들었다. 나를 찾는 일이 더욱 절실해지면서 저녁의 즐거움을 절제해야 할 때가 왔다는 것을 깨달은 것이다. 나라는 사람이 중심에 없는 즐거움보다는, 나의 결정에 의한 절제가 오히려 더 큰 위안과 기쁨을 준다는 사실을 느끼기 시작했다. 그렇게 저녁은 더 이상 재미를 추구하고 아쉬운 마음에 붙잡고 있어야 하는 시간이 아니라 하루를 조용히 정리하는 시간이 되었다.

저녁을 조용히 마무리하고 일찍 잠을 청하려면 사소한 것부터 신경을 곤두세워야 한다. 오후에는 커피 한 모금도 입에 댈 수 없고, 주말에도 낮잠을 자지 않도록 노력해야 한다. 일어나기 힘들고 싫은 시간에 아침을 시작하지 않으면 저녁에 아무리 일찍 누워도 잠이 오지 않는다. 지켜야 하는 것들이 하루만 어긋나도 일정하게 자는 시간을 유지할 수 없다. 경험해보니 일찍 일어나는 것보다 일찍 잠드는 게 훨씬 더 어려운 일이었다. 저녁에 대한 아쉬움을 끊어내는 것도 힘이 들었지만, 내 몸이 그에 걸맞게 적응하도록 하는 것은 또 다른 문제였던 것이다.

저녁을 놓고 아침을 되찾자 삶의 곳곳이 변화했다. 우선 매일 하기로 한 것을 하루도 놓치지 않고 할 수 있게 되었다. 저녁의 예외적인 변수들이 사라지니 온전한 하루를 얻게 되었다. 즐거움으로 흘려보냈던 찰나의 순간이 나의 의지로 붙잡을 수 있는 시간들로 채워졌다. 저녁의 한 시간과 아침의 한 시간은 너무나 다른 형태와 느낌을 가지고 있다. 아침은 극단적인 즐거움을 가져다주지는 않지만 그렇게 마음을 쓰지 않아도 크게 벗어나거나 어긋나지 않게 해주는 힘이 있다. 저녁의 의식적인 절제를 통해 하루 전체를 얻을 수 있게 된 것이다.

공자는 "활쏘기는 군자와 비슷한 것이 있으니, 정곡을 잃으면 돌이켜서 그 자신에게 구한다(사유사호군자 실저정곡 반구저기신射有似乎君子 失諸正鵠 反求諸其身)"고 했다. 삶의 중심을 잃고 나를 바로 세우지 못한다면 돌이켜서 반성해야 한다는 것이다. 중심을 지키며 산다는 건 결코 쉬운 일이 아니다. 하지만 나는 삶에서 저녁을 길게 늘리겠다는 마음을 버리는 것만으로도 극에 달하는 한 가지를 피했다고 생각한다. 그것은 삶의 즐거움을 포기하는 것이 아니라, 휘발성을 가진 즐거움을 포기하고자 하는 노력이었다.

매일매일의 하루를 되찾는 생활을 하면서 비로소 즐거운 것과 좋은 것의 차이를 깨닫게 되었다. 극에 치닫는 즐거움은 좋은 것이 아니다. 오히려 더 큰 슬픔을 가져올 뿐이다.

✳

극도의 기쁨과 슬픔으로부터
아침은 우리를 보호한다.

저녁에 대한 집착을 버리면
일상의 충실함으로부터
멀어지는 일은 없을 것이다.

✳

배우려는 데서
즐거움이 나온다

"무엇을 안다는 것은 그것을 좋아하는 것만 못하고,

무엇을 좋아한다는 것은 그것을 즐기는 것만 못하다."

지지자불여호지자 호지자불여락지지知之者不如好之者 好之者不如樂之者

_《논어論語》〈옹야雍也〉

공자는 아는 것보다 좋아하는 것이 더 우선하고, 좋아하는 것
보다 즐기는 것이 더 유익하다고 했다. 알기만 하는 것보다 좋아하
면 더 많은 것을 얻을 수 있고, 즐기는 사람은 좋아하는 사람보다 더
잘 배울 수 있다는 말이다. 그래서 뭐든지 즐길 수 있는 사람이 가장
행복한 삶을 살 수 있고, 원하는 성과를 얻고 성공에 다가가기 쉽다
고 한다. 최고의 경지는 곧 즐기는 것이라는 이야기다.

무언가를
즐겨야 한다는 강박

　즐길 수 있는 일, 가슴이 뛰는 일을 찾으라는 말을 들을 때마다 마음이 답답하고 불안한 생각이 들곤 했다. 도대체 무슨 일을 해야 처음부터 끝까지 가슴이 두근거릴까. 도대체 다른 사람들은 어떤 능력이 있어서 즐길 수 있는 일을 쉽게 찾아낼 수 있었을까 궁금했다. 꿈에 다다르기는커녕 꿈이 뭔지도 모른 채 어른이 되었으니 나만 모르는 건가 하는 수치심과 자괴감에 빠지는 것도 당연하다. 하지만 세상에 자기가 즐길 수 있는 게 무엇인지 쉽게 찾아낼 수 있는 사람은 그리 많지 않다.

　즐기는 게 가장 중요하다는 것을 알고 있더라도 곧바로 찾으려 하면 실망하기 마련이다. 공자는 "성급하게 서두르면 일이 성사되기 어렵고 너무 잘하려고 하다간 오히려 망치게 된다(욕속부달 욕교반졸欲速不達 欲巧反拙)"고 했다. 처음부터 완벽하게 즐길 만한 것을 찾아야 한다고 생각하면 영원히 찾을 수 없다. 즐긴다는 경지는 진심으로 좋아하고 그것을 얻기 위해 여러 해 동안 집요하게 밀고 나갈 때 얻을 수 있기 때문이다. 그래서 제대로 배우고 좋아하는 과정을 건너뛴 채 곧바로 즐길 수 있는 일을 찾기란 불가능에 가깝다.

　물론 예외는 있기 마련이다. 자신의 재능이 무엇인지 알고 있고, 잘하면서도 즐길 수 있는 일을 쉽게 찾는 사람들도 드물게 있다. 하지만 그러한 사람들을 따라 처음부터 즐길 만한 것을 찾아야 한다고 생각했던 것은 성급한 태도였다. 너무 잘하려고 하지 말고 지속하는 데 더 마음을 쓰다 보면 생각하지 못했던 지점에서 기쁨을 느끼며 성취감을 얻고 결국 즐길 수 있는 마음이 생기지 않았을까 하는 아쉬움이 남아 있다.

지속하는 데서
즐거움이 찾아지기도 한다

＼

즐기는 것은 그 대상이 무엇이든지에 상관없이 오랜 시간을 견디내는 끈기에서 얻을 수 있다. 처음부터 마음속으로 묻고 또 묻는다고 해서 즐길 수 있는 것을 찾아낼 수는 없다. 즐기는 마음은 하다 보면 얻어지는 것이지 처음부터 찾을 수 있는 것은 아니기 때문이다. 그래서 처음부터 가슴이 두근거리는 일을 찾아야 한다는 주장은 너무 공허하고 안일하게 들린다. 다른 사람이 아무리 즐거운 일이라고 말해도 내가 직접 겪어보고 느껴보지 않으면 진짜 즐거운 일인지 아닌지 알 수 없다. 내가 직접 느껴봐야 비로소 나에게 적합한 일인지 그렇지 않은지 알 수 있다.

시작할 때 즐거운 일을 찾았다 하더라도 시간이 지나면 더 이상 즐길 수 없을 정도로 지겹고 힘든 일이 될 수도 있다. 힘들고 괴로웠던 일도 지속하다 보면 숙련되고 점점 즐기게 되기도 한다. 많은 사람들이 좋아한다고 해서 나한테 즐거운 일도 아니고, 많은 사람들이 싫어한다고 해서 나한테도 즐겁지 않은 일은 아니다. 누가 봐도 사소하고 하잘것없는 일인데 즐거운 일이 될 수 있고, 가치 있는 일이지만 오히려 불편하고 따분한 일이 될 수도 있다. 따라서 무엇이 되었든 내가 오랜 시간에 걸쳐 지속할 수 있는 것, 그것이 곧 나에게 즐거움을 줄 수 있는 일일 수 있다.

즐거움은 행동의
절제와 노력으로 얻어진다

즐길 수 있는 삶이 가장 중요하다는 말은 처음부터 그런 일을 찾기 급급해야 한다는 의미가 아니다. 공자는 알기 위해 노력하고 좋아하게 되면 나중에는 결국 즐길 수 있는 경지까지 오를 수 있다고 한 게 분명하다. 정상에 올라서 멋진 풍광을 내려다볼 때 비로소 산을 즐길 수 있게 되는 것처럼 말이다. 한 걸음이라도 걸어본 사람이 걷기에 대한 즐거움을 알 수 있는 것처럼 해보지도 않고 먼저 즐거움이 무엇인지 알 수 있는 사람은 거의 없다.

안자晏子는 "행동으로 하는 자는 성취하는 것이 있게 마련이고, 걷는 자는 끝내 목적지에 닿게 마련이다(행자상지 위자상성行者常至 爲者常成)"이라고 했다. 마음을 얻고 행동이 이루어지는 것이 아니라, 행동을 해야 즐길 수 있는 마음이 얻어진다. 때로는 행동이 마음을 따라가게 하는 것이 아니라, 마음이 행동을 따라가게 해야 한다.

즐길 수 있는 것을 미리 찾지 못했다고 부끄러워한 것은 잘못된 생각이었다. 즐길 수 있는 일을 찾는 것보다 뭐든지 경험하고 배우는 것이 우선이다. 알고자 노력하고 그 노력이 쌓이는 과정에서 작은 재미를 찾는다면 곧 즐거움으로 연결될 수 있다.

뭐든지 오랜 세월 이어온 것만큼 귀중한 것은 없다. 그리고 당장의 즐거움보다 어려움을 견디는 데서 오는 성취감과 기쁨이 더 크다는 것은 누구도 부정할 수 없는 사실이다. 그래서 나는 경험과 배움이 결국 아는 것과 좋아하는 것을 넘어 즐거움이 될 것이라고 믿으면서 오늘도 같은 노력을 기울이기로 했다.

✳

마음의 즐거움은

행동의 절제와 노력에서 얻어진다.

모두의 즐거움을 추구하기보다

나만의 즐거움을 만들어야 어른이 된다.

✳

지금이 나에게 주어진
유일한 순간이다

"하늘과 땅 사이에서 인간의 삶은 흰 망아지가 벽의 갈라진 틈새를

언뜻 지나가는 것처럼 순식간에 가버린다."

인생천지지간 약백구지과극 홀연이이人生天地之間 若白駒之過郤 忽然而已

_《장자莊子》〈지북유지北遊〉

하늘과 땅의 유구한 시간 속에서 인간의 삶은 덧없이 짧다. 우주의 시간으로 생각하면 인류 전체의 삶은 몇 초에 불과하다고 한다. 그러니 한 사람의 인생이란 더더욱 말할 것이 못 된다. 그래서 인생이 순식간에 지나간다는 장자의 말은 얼핏 우리의 삶은 허무하다는 생각으로 치환된다. '하는 것(유의有為)'에서 모든 것을 내려놓고 '하지 않는 것(무위無為)'으로 태도를 바꾸는 것이 슬기롭게 살아가는 방법처럼 들리는 것이다.

삶이 덧없이
짧게 느껴지더라도

\

장자에게 있어 짧다는 것은 상대적인 개념이다. 팽조彭祖라는
사람이 유독 오래 살았다고 해도 8,000년을 봄으로 삼고 8,000년
을 가을로 삼았다는 춘椿이라는 나무와 비교하면 길다고 할 수 없
다. 이처럼 한 인간의 수명이 아무리 길다고 해도 삶은 언제나 너무
짧다. 그러나 장자는 반대로 아침나절에 피어서 그믐달과 초승달을
모르는 버섯이나 봄과 가을을 모르는 귀뚜라미를 생각해보면 인간
의 삶은 또한 충분히 길다고 말한다. 짧게 산다고 해도 버섯은 제 할
일을 하고, 귀뚜라미는 우는 것을 게을리하지 않는다. 오래 사는 나
무라고 해서 그 시간만큼의 의미를 가진다고 할 수 있을까. 의미란
시간의 길고 짧음으로 만들어지는 것이 아니라, 그 시간을 살아가
는 태도에서 찾을 수 있는 것이다.

장자가 인간의 삶이 짧다고 말한 것은, 그러니 아무 노력도 하
지 말라는 것이 아니라 지나치게 괴롭게 살지 말라고 위로하는 것
처럼 느껴진다. 지금 겪고 있는 큰일도 지나고 보면 티끌보다도 작
은 일이 될 것이고, 아무리 고단한 삶을 살고 있더라도 금방 다 지나
갈 것이라는 위안을 주는 것처럼 들린다. 다시 말해 어떤 모습의 삶
이 이상적이고 올바른 것이라고 단정할 수는 없지만, 어떤 상황 속
에서도 지나치게 좌절하지 말라는 뜻이다. 헤아릴 수 없을 만큼 다
양한 삶이 있지만 더없이 짧기 때문에 각자의 시간 안에서 나름대

로 즐겁게 살아갈 수 있도록 해야 한다는 것이다.

인생이 순식간에 지나가는 것을 아쉬워할 만큼 지금 이 순간 완벽한 행복감을 느끼는 사람이 몇이나 될까. 삶은 그렇게 인간에게 호의적이지 않은 것 같다. 허무하고 덧없으니 그 무엇도 제대로 하지 않고 포기해야 할 때가 더 많은 게 삶인 것 같다. 그럼에도 스스로 놓아야 할 것과 지켜야 할 것을 정해서 잘 살아내야 하는 것 또한 삶이다. 삶은 짧기 때문이다.

과거는 바꿀 수 없지만
지금 어떻게 살지는 정할 수 있다

《여씨춘추》에는 "자신을 살피면 남을 알 수 있고, 오늘을 살피면 옛날을 알 수 있다(찰기즉가이지인 찰금즉가이지고察己則可以知人 察今則可以知古)"라는 말이 나온다. 가까운 것으로 먼 것을 알고, 오늘의 것으로 옛날을 알 수 있다. 지금은 지나온 것들이 축적되어서 얻어진 것이고, 주위 사람들도 자신의 말과 행동이 모여서 얻어진 것이다. 그래서 '그때 그랬더라면'이라고 후회하기 전에 반성과 분석이 우선해야 한다. 지난 잘못들은 지금의 삶을 바꿀 수 있게 해준다는 점에서 의미가 있다. 오늘 나의 생각도 과거의 경험들이 쌓여서 이루어진 것이기 때문이다.

지금이 과거의 결과라고 한다면, 미래는 지금의 결과이다. 따라서 현재 일어나고 있는 모든 일도 앞으로 일어나게 될 모든 것과 단단하게 서로 묶여 있다. 과거의 후회와 아쉬움, 나에 대한 불만족에서 벗어날 수는 없지만 지금의 모습은 달라져야 하는 것이다. 지나온 발걸음이 나를 비추는 거울이라는 것을 부정할 수는 없지만 앞으로 어떻게 디딜지는 지금 나의 선택과 의지에 달려 있다. 그리고 과거로부터 탈출할 수 있는 유일한 방법인 것 같다. 인생이 짧은 순간이라고 한다면, 과거보다는 지금을 제대로 살아내는 것이 무엇보다 중요하다. 하루를 사는 하루살이가 제 할 일을 포기하지 않는 것처럼 인간의 삶이 제아무리 짧다고 해도 포기하지 않고 최선을 다해서 살아야 한다.

이 순간보다
소중한 시간은 없다

＼

장자는 그래서 쓸데없는 것에 매달릴 필요가 없다고 조언한다. 지금 당장 모든 것을 놓아버리는 것이 아니라 가까운 것, 할 수 있는 것에 마음을 쓰고 만족하면서 살아가는 게 제대로 된 삶이라고 알려준다. 기쁜 일도, 괴로운 일도 모두 눈 깜짝할 사이에 지나가버린다. 그래서 일희일비하기보다는 지금의 삶을 담담하게 받아들이고 나름의 노력을 기울여야 한다. 만족은 순응이 아니라 지혜이다. 순응이라고 폄하하기 시작하면 아마도 불만족의 늪에 빠져 평생 단 한 번도 현재라는 땅에 발을 디딜 수 없을 것이다. 그러니 현재에 온전하게 서서 내가 할 수 있는 일이 무엇인지 찾는 것을 우선해야 한다.

　공자는 강가에서 "흘러가는 것이 이와 같구나. 밤낮을 그치지 않는구나(서자여사부 불사주야逝者如斯夫 不舍晝夜)"라며 흐르는 세월을 한탄했다. 그럼에도 '지금'은 아직 내 앞에 놓여 있다. 모든 것이 흐르는 허무한 삶에서 '지금'은 내가 부여잡을 수 있는 유일한 순간이다. 《장자》에는 "지난날의 나를 잊었다 하더라도 끝없이 새로 태어나는 내가 있으니까(수망호고오 오유불망자존雖忘乎故吾 吾有不忘者存)"라는 말이 나온다. 현재도 바로 과거가 되겠지만 나는 여전히 끊임없이 태어나서 새로운 하루를 보내고 있다. 인생을 멀리 보면 덧없다고 생각되지만 하루만큼은 확실한 나의 시간이므로 절대 허무하다고 생각하지 않아야 한다.

　흰 망아지가 벽의 갈라진 틈 사이를 빠져나가듯이 인생이 찰나의 순간이라고 하지만 오늘 하루 그리고 지금은 그렇지 않다. 그래서 확실한 시간 안에서 더 많은 정력을 쏟고 진지하게 임하는 것이 나에게 좋은 삶을 줄 수 있는 올바른 방법이라고 생각한다. 과거나 미래보다 현재에 밀착해서 그 순간의 의미를 찾고자 한다. 언제나 현재의 중요성을 염두에 두면서 지금을 한결같이 새로운 마음으로 대하고 싶다. 나의 미래뿐만 아니라 아쉬움이 남는 과거의 가치마저 높일 수 있는 유일한 기회라는 생각이 들기 때문이다.

＊

'지금'은 과거의 결과이기도 하지만
과거를 새롭게 정의할 수 있는 기회이기도 하다.

그래서 지금 이 순간보다
더 소중한 시간은 있을 수 없다.

＊

새로움은
오래된 것에서 나온다

"아마도 알지 못하면서도 창작하는 자가 있겠지만, 나는 그런 적이 없다.

많이 듣고 그 가운데 좋은 것을 선택하여 따르고, 많이 보고 그것을 (마음에) 새기면,

(이것이) 아는 것에 버금가는 일이다."

개유부지이작지자 아무시야 다문 택기선자이종지 다견이식지 지지차야

蓋有不知而作之者 我無是也 多聞 擇其善者而從之 多見而識之 知之次也

_《논어》〈술이述而〉

　　몇천 년 전에 만들어진 고전이 지금 나의 삶에 얼마나 도움이
될까. 이미 지나간 것들, 이제는 그다지 중요하다고 여기지 않는 것
에 여전히 관심을 가지는 것은 어리석은 일이 아닐까. 고전이 현대
사회에 적용할 수 없어서 중요하지 않다는 사람도 있고, 가부장적인
사상이 사회의 발전을 가로막는다는 주장도 있다.

　　나는 우연히 고전을 읽게 되었지만, 그 우연한 계기가 없었다
면 하루도 제대로 된 삶을 살 수 없었을지도 모른다. 먼지가 쌓인 오
래된 글들을 읽으며 스스로에 대한 반성과 자기 자신을 위한 하루

를 고민할 수 있었기 때문이다.

새로운 것이
무조건 좋다는 착각

사람들은 대개 새로운 것에 마음이 끌린다. 나 역시 전통적인 것은 모두 폐기되어야 하고 무가치한 것이라고 여기곤 했다. 이성을 중심에 두는 것보다 모두 해체해버리는 것이 더 멋지고, 수직적인 것보다 수평적으로 사물을 보는 것이 절대적으로 옳다고 생각한 적이 있다. 그러나 창조적이고 새롭다고 경탄해 마지않았던 것들은 따지고 보면 완전히 새로운 것은 아니었다. 새로운 것이라는 말조차 이미 새롭지 않은 것과의 비교 속에서 나온 의미가 아닌가. 오래된 것이 없으면 새로운 것도 있을 수 없다.

개성이나 독창성도 특별히 다른 것은 아니다. 인간은 태어나는 순간부터 사회의 끊임없는 영향을 받는다. 우리가 생각하는 창의적이거나 독창적인 것도 생각해보면 모두 사회에 뿌리를 두고 생겨난 것이지 한순간에 마술처럼 튀어나온 것은 아니다. 아무리 독창적인 것을 추구하려고 해도 혼자서 오롯이 해낼 수 있는 사람은 많지 않다. 가장 순수한 의미에서 자기만의 것은 얼마나 적고 미미한가. 이를 이해하고 나니 공자의 말처럼 이전의 것을 부정하고 새로운 것을 추구하기 전에 우선 존경심을 갖고 배우고 받아들이는 것이 낫다는 생각이 들었다. 위대한 천재도 모든 것을 오롯이 자기로부터 이끌어내는 경우는 없다. 그러니 평범한 사람이라면 오래된 것을 무조건 불필요하다고 던져버리는 것보다 그것을 발판 삼아 더 밝은 곳으로 나아가야 한다.

공자가 말한 것처럼 공자의 사상도 공자에게서만 나온 것은 아니다. 공자와 같은 성현이라고 할지라도 혼자 힘으로 해낼 수 없다. 이처럼 이미 있는 것을 잘 다듬어서 자기 것으로 만드는 것이 현명한 사람들의 특징이다. 그렇다면 이전의 것들을 다 잘못된 것이라고 부정하기보다 배울 수 있는 것을 찾아내는 것이 나의 성장에 더 도움이 되지 않을까? 사회가 바뀌고 새로운 사상들이 등장했다고 해서 그 모든 것이 온전히 새로운 것이라고 할 수는 없다. 오래된 것들을 부정하든 긍정하든 그 뿌리는 모두 거기에서 나온 것이기 때문이다.

오래된 글에서

내 삶이 보였다

새로움이란 이미 있는 것 중에서 강조점을 조금 다르게 한 것일 수도 있다. 공자의 인仁에서 순자의 예禮가 나왔고, 순자의 예에서 한비자의 법法이 나온 것처럼 말이다. 이미 있는 것들을 오래 검토하고 배워서 강조해야 하는 지점에 변화가 필요하다고 생각했던 것이다. 그것만으로도 대단히 창조적이고 독특한 사상이 형성될 수 있었다. 공자는 스스로 창작할 수 없는 사람이라고 했지만 중요한 것이 무엇인지 발견했다는 점에서 위대한 창조자가 되었다. 애초에 창작의 의도가 없었기 때문에 오히려 창작할 수 있게 된 것이다. 나는 배움에 있어서만큼은 유행을 따르지 않아야 한다고 생각한다. 새로운 것이 낡은 것을 대체할 수 있다는 생각이 얼마나 어리석은지 깨달았기 때문이다. 그 무엇도 완전히 끝나서 버려야 하는 것은 없다.

내가 배우고자 하는 것은 특별한 것을 찾기 위함이 아니다. 특별하다는 것 또한 어찌 보면 내 입장에서 특별한 것이다. 모르는 것이 많으면 많을수록 더 많은 것이 새로워 보인다. 배우고자 하는 마음이 새로운 생각을 하고 싶다는 조급함에 닿으면 결국 제대로 된 공부를 할 수 없게 된다.

언제나 새로운 것이 더 좋고, 오래된 것은 모두 부조리하다는 생각은 결국 나에게 유익한 일이 아니었다. 반대를 위한 반대는 깊이 있는 사고를 가로막고 오히려 스스로를 천박하게 만들었다. 뭐든지 부정보다는 긍정에서 얻어질 수 있는 것이 더 많다. 경시보다는 존중하는 마음이 언제나 잘못된 길에서 크게 벗어나지 않게 하는 힘이 되어준다. 잘못된 것을 배운다고 해도 그게 왜 잘못되었는지를 제대로 파악하기 위해서는 폐기하기 전에 다시 배우는 과정이 필요한 것처럼 말이다. 배우지 않고 부정하는 것만 배워서는 아무것도 배울 수 없다.

맹자는 "높은 것을 만들려면 반드시 구릉을 이용해야 하고, 낮은 것을 만들려면 반드시 하천과 못을 이용해야 한다(위고필인구릉

위하필인천택為高必因丘陵 為下必因川澤)"고 했다. 독창적인 것에 사로잡히는 것은, 높은 것을 만들 때 구릉을 이용하지 않고 굳이 하천을 이용하고 반대로 낮은 것을 만들어야 할 때 높은 구릉을 이용하는 것과 다르지 않다. 오래된 것이 새로운 것을 피어나게 만드는 힘을 준다. 순자는 "나는 일찍이 하루 종일 생각에 골몰하였으나 잠깐 동안 배운 것만 못하였다. 나는 일찍이 발돋움하여 멀리 바라보려고 하였으나 높은 데 올라가 넓게 내다보는 것만 못하였다(오상종일이사의 불여수유지소학야 오상기이망의 불여등고지박견야吾嘗終日而思矣 不如須臾之所學也 吾嘗跂而望矣 不如登高之博見也)"라고 자신의 학문적 경험을 이야기했다. 순자와 같은 학자도 옛 성현의 지혜를 밟고 올라가는 것이 알고 싶은 것을 얻는 데 가장 효과적이고 확실한 방법이라고 생각했다.

고전이 지금도 널리 읽히는 이유는 담고 있는 것만으로도 지금 여기에서 싹을 틔울 수 있는 씨앗이 되고, 혹은 더 새로운 것을 피어나게 만드는 힘을 가지고 있기 때문이다. 사실 고전 안에는 새로울 것이 없다. 그런데 내가 필요로 한 것은 언제나 새롭고 특별한 게 아니었다. 다만 오래전에 쓰인 그 글을 읽었던 수많은 사람과 공감하면서 얻는 위로와 오래된 지혜에서 얻을 수 있는 배움이었다.

❋

고전이라는 가깝고 확실한 것에서

배움을 추구하는 일은

더 빨리 높은 곳에 이르고자 할 때

선택할 수 있는 유일한 길이다.

❋

일기 쓰기는
복잡한 마음을 정리해준다

"산언덕에 발자국이 난 틈바구니도 지속적으로 왕래하면 길을 이루게 되지만,

잠깐 동안이라도 왕래하지 않으면 띠풀이 자라 막히게 된다.

지금 띠풀이 자라나 그대의 마음을 막고 있구나."

산경지혜간 개연용지이성로 위간불용 즉모색지의 금모색자지심의

山徑之蹊間 介然用之而成路 爲間不用 則茅塞之矣 今茅塞子之心矣

_《맹자孟子》〈진심 하盡心 下〉

길은 사람이 만든다. 사람이 왕래하는 곳은 길이 되고 사람의 발길이 잠깐이라도 뜸하면 아무리 오래된 길이라도 순식간에 사라진다. 길이라는 것은 사람이 오가야 길로서 지속되는 것이다.

마음에도 길이 있다고 한다. 마음의 길도 계속 생각하고 고민하지 않으면 풀이 무성하게 자라서 막혀버린다. 마음의 길을 왕래하지 않으면 자기 자신에 대한 숙고는커녕 마음의 길이 있었는지도 알 수 없게 된다.

마음의 길이 무엇인지 알려면 우선 마음을 가로막고 있는 띠풀

이 무엇인지 알아야 한다. 그래야 띠풀을 제거하고 비로소 진짜 마음의 길을 볼 수 있다. 나라고 해서 내 진짜 마음이 무엇인지 바로 알 수 있을까. 어쩌면 나만큼 나를 알 수 있는 사람은 없다고 자신하기 때문에 오히려 나를 제대로 이해할 수 없었던 건 아닐까. 알고 있다고 생각하는 것에 대해서는 더 이상의 고민을 이어가지 않기 때문이다. 고민하지 않으면 않을수록 마음속 띠풀은 점점 더 무성하게 자란다.

일기 쓰기,
마음에 앉은 더께를 치우는 일

지금 당장 내가 생각하는 것이 내 생각의 전부가 아니라 단지 표면적인 것이라고 생각하면 그 이면에 무엇이 있을지 궁금해진다. 생각과 걱정은 하루에도 수십 가지의 길로 뻗어나가고 서로 얽히고 설킨다. 이미 지나간 일, 일어나지 않은 일, 내가 어찌할 수 없는 상황에 대한 번뇌가 끊임없이 솟아오른다. 이렇게 무성해진 마음속의 띠풀은 진짜 마음을 가로막아 진심으로 걱정하고 애를 써야 하는 것이 무엇인지 알 수 없게 만든다. 스스로 만든 생각의 그물에서 허덕이고 빠져나오지 못하게 되는 것이다.

일기를 쓰면 나를 지속적으로 괴롭히는 생각이 무엇인지, 그 생각이 진짜 고민하고 해결해야 하는 것인지, 아니면 진짜 생각을 가로막는 띠풀에 불과한지 구별할 수 있다. 떠 있는 쓰레기를 치워야 수면이 드러나는 것처럼 일기도 마음에 덮여 있는 자질구레한 것들을 치우는 행위이다. 그래서 일기 쓰기는 방을 정리하거나 책상 위의 물건들을 치우는 것과 비슷하다.

성공하는 사람들은 모두 일기를 썼다는 말은 그다지 큰 동기부여가 되진 않는다. 성공하기 위해서 책상 위를 치워야 하는 것이 아닌 것처럼, 일기를 쓰는 것도 성공하기 위해서가 아니라 마음을 관리하고 치워야 하기 때문에 해야 하는 당연한 활동일 뿐이다. 특별한 사람이 특별한 목적을 이루기 위해 해야 하는 것이 아니라, 누구나 마음을 제대로 비우고 중요한 것과 그렇지 않은 것을 구분하기 위해 해야 하는 일인 것이다. 내 삶의 경중을 조금만 이해해도 마음이 한결 가벼워진다. 구분하는 것을 지속적으로 하다 보면 내가 생각했던 것만큼 그렇게 복잡한 고민을 안고 살지 않았다는 것을 알게 된다.

내가 어디에 있는지, 무슨 생각을 하는지 글로써 털어낸다는 게 처음부터 매끄럽게 되지는 않았다. 어떤 단어나 어떤 문장으로 시작해야 할지 도무지 알 수 없었다. 그러나 마음을 가로막는 띠풀과 수면을 덮어버리는 쓰레기를 적는다고 생각하니 쓰는 게 생각보다 그렇게 어렵진 않았다. 그때부터는 부담을 가지지 않고 닥치는 대로 글을 써내려갈 수 있었다. 그래서 내가 생각하는 일기는 아름다운 글이 될 수 없다. 나의 잡다하고 지저분한 마음들은 다시 읽을 수 있는 종류의 정제된 글이 아니기 때문이다. 매일 일기로 세 페이지를 채우지만 나중에 읽을 만한 것은 단지 몇 줄 뿐이다. 일기는 멋진 언어로 나를 고급스럽게 표현해내는 것이 아니라, 내 마음을 가로막고 무겁게 만드는 것들을 제거하는 활동이다. 그러나 그런 활동을 지속하다 보면 다시 읽기 힘들 정도로 난삽한 글이라고 해도 마음만은 개운해진다.

마음을 놓지 않는
노력을 지속하기

하루라도 나를 돌아보지 않으면 어느새 쓸데없는 생각들이 나의 진짜 마음을 가로막기 시작한다. 개운한 마음이 들었고 어느 정도 나의 길이 보였다고 해도 하루 이틀 적지 않으면 다시 똑같은 것, 더불어 새로운 것들이 비워냈던 공간에 자리를 잡는다. 마음의 짐은 해결되는 법이 없다. 치워도 어느새 채워지고, 해결되었다고 생각해도 바로 해결될 수 없는 일이 된다.

깨끗한 방이라도 며칠 지나면 먼지가 쌓이고 더러워지기 시작한다. 어지르지도 않고, 건드리는 물건이 없어도 주기적으로 청소하지 않으면 다시 제자리로 돌아온다. 끊임없이 관리하지 않으면 본래의 모습으로 돌아오는 것은 마음 역시 다르지 않다. 아무리 깨끗하게 정리되었다고 하더라고 지속적으로 관리하고 돌아보지 않으면 마음은 금세 원래대로 돌아온다.

공자는 "군자는 태평하면서 너그럽고, 소인은 늘 걱정에 휩싸여 있다(군자탄탕탕 소인장척척君子坦蕩蕩 小人長戚戚)"고 했다. 상황의 차이가 사람의 태도를 바꾸는 것이 아니라, 본래 마음을 잘 다스릴 수 있느냐의 여부가 군자와 소인의 기준이라는 것이다. 매우 좋은 환경에서도 마음이 답답하다고 생각하는 사람이 있고, 힘든 상황 속에서도 안정을 유지하는 사람이 있다. 상황은 언제나 달라진다. 누구에게나 좋을 때와 나쁠 때가 번갈아 찾아오기 때문이다. 언제나 변화 속에서도 마음을 놓지 않는 노력을 지속해야 자기 마음을 다스릴 수 있다.

맹자는 마음이라는 것은 보이지 않지만 지속적으로 들여다보고 관리해야 하는 소중한 것이라고 했다. 마음을 놓치면 다른 것을 다 가져도 가진 것이 아니고, 다른 것을 다 놓쳐도 더 이상 모든 것을 잃었다고만 볼 수 없다. 마음속 띠풀은 들여다보지 않으면 무성하게 자라나 또 나의 마음을 가로막고 괴롭게 만들 것이다.

✳

일기는 마음을 치우는 행위일 뿐이다.

가벼운 마음으로 써내려가다 보면
진짜 내 마음이 무엇인지 알 수 있다.

✳

---8일차---

걷기는 나를
잠시 멈추게 한다

"멈춤을 안 이후에 정함이 있으며, 정함 이후에 고요할 수 있으며,

고요한 이후에 편안할 수 있으며, 편안한 이후에 생각할 수 있으며,

생각한 이후에 얻을 수 있다."

지지이후유정 정이후능정 정이후능안 안이후능려 려이후능득

知止而後有定 定而後能靜 靜而後能安 安而後能慮 慮而後能得

_《대학大學》〈경1장經一章〉

삶은 우리 앞에서 쉼 없이 흘러간다. 그 속에서 매번 삶에 대한 의식을 가지고 사는 일은 쉬운 일이 아니다. 그럼에도 아무것도 궁리하지 못하고 떠밀려서 살아가기를 바라는 이는 없다. 그렇다고 매번 삶에서 벗어나 찬찬히 들여다볼 여유가 있는 사람은 얼마나 될까. 결국 살아가면서 나의 삶을 들여다볼 방법을 찾는 수밖에 없다.

정定은 고정을 의미한다. 멈춤이 없으면 고정되지 않고, 고정되어야 비로소 고요해질 수 있다는 것이다. 마음이 불편하고 복잡하

면 제대로 생각할 수 없고, 생각을 하지 않으면 얻을 수 있는 것이 없다는 것을 의미한다. 사는 대로 생각하는 것이 아니라 생각하는 대로 산다는 말이 있듯이 멈춤이 없으면 삶을 따라가기 급급한 상태에서 벗어날 수 없다.

분주한 일상에서
잠시 멈추고 싶다면

삶을 돌아보거나 새로운 마음을 품으려면 반드시 여행을 가야 한다고 생각한 적이 있다. 기분이 전환되고 본래의 삶에 다시 집중할 수 있는 힘을 주는 등 여행에는 많은 장점이 있다. 하지만 언제나 일상에서 벗어나서 새로움을 추구할 수는 없는 노릇이다. 또한 그러한 물리적인 분리가 반드시 마음의 정함과 고요함을 가져온다고는 할 수 없다. 그래서 일상에서 할 수 있는 걷기에 관심을 가지기 시작했다.

걷기는 시간과 돈의 제약이 없는 단순한 활동이다. 먼 곳으로 여행을 가야 할 수 있는 것도 아니고, 산책길이 잘 정비되어 있어야 가능한 것도 아니다. 신발과 편한 옷만 있으면 누구나 사는 곳 주위를 거닐며 잠시 삶을 멈출 수 있다. 그저 밖으로 나와서 걷기만 하면 되기 때문이다.

걷기만 한다고 해서 삶에 각별한 관심을 가지게 되는 것은 아니다. 그저 잠시 눈을 돌려서 주위를 둘러볼 기회를 가지는 것일 뿐이기 때문이다. 그런데 작고 보잘것없는 것도 눈여겨보는 마음을 가지고 걷다 보면 지나가는 강아지도, 어느새 피어 있는 이름 모를 꽃들도 모두 의미를 갖기 시작한다. 걷기를 위한 걷기는 작은 자연의 변화도 포착할 수 있는 여유를 준다. 내 보잘것없는 인생도 산책과 같이 들여다보고 스스로 의미를 부여하다 보면 진짜 의미를 가지게 되는 것이라고 희망을 걸어보는 것이다.

바쁘게 살다 보면 계절의 향기가 변하는 것을 놓칠 때가 있다. 하지만 걷다 보면 계절의 변동도 어렵지 않게 감지하게 된다. 자연의 작은 변화 안에서도 큰 위로를 받을 수 있다. 주周나라 문왕文王의 아들 주공周公은 "겨울을 뒤덮은 얼음이 단단하지 않으면 봄과 여름에 초목이 무성하게 자라지 못할 것이다(동일지폐동야불고 즉춘하지 장초목야불무冬日之閉凍也不固 則春夏之長草木也不茂)"라고 했다. 비록 겨울을 나는 것은 힘겨운 일이지만, 뒤덮은 얼음은 결국 인생에 있어 시련이자 기쁨이 된다는 뜻이다. 추위가 물러가면 어느새 생각지 못한 곳에서도 꽃이 피어나고 이름을 알 수 없는 잡초가 무성해진다. 겨울에는 마치 모든 것이 끝난 것처럼 느껴지지만, 봄의 소생을 통해 멈추지 않는 순환을 보여준다. 이런 변화는 삶에 대한 생각에도 반영된다. 지금 내가 겪고 있는 어려움도 어느새 자연과 마찬가지로 회복될 수 있는 날이 올 거라는 희망을 준다.

마음을 정리하는 가장 쉬운 방법,
걷기

걷기는 마음의 정함과 고요함을 얻는 좋은 방법임에 틀림없다. 마음이 시끄럽고 복잡하면 그 마음에서 벗어날 수도, 또 완전히 다가갈 수도 없는 상태에 놓인다. 하지만 삶을 잠시 멈추지 않으면 가까이 들여다보고 깨달을 수 있는 여지가 생기지 않는다. 걷는다고 삶의 모든 힘든 일이 해소되진 않는다. 하지만 나는 5분이든 10분이든 매일 걸으면서 힘들었던 마음이 조금씩 누그러지는 것을 느꼈다.

생각하면서 살아야 하는 것은 맞는 말이지만 지나치게 많은 생각을 떠안고 사는 건 버거운 일이다. 사소하고 자질구레한 것을 털어버리지 못하면 정작 중요한 것을 해결할 수 없다. 걷다 보면 진짜 중요한 게 무엇인지 깨달을 때가 있다. 그럴 때는 지금 당장 해결할 수 없는 일일지라도, 우선순위를 가늠했다는 것만으로도 마음이 풀리는 것을 느끼기도 한다. 이렇게 일상을 살면서도 얼마든지 성찰할 수 있는 기회는 있다. 삶 속에서 성찰을 해내는 것이 특별한 곳에서 특별한 노력을 기울여서 이루어내는 것보다 더 안정적이고 지속 가능하다.

장자는 "쉬면 무심해지고, 무심해지면 충실해지며, 충실하면 잘 다스려진다. 무심하면 고요해지고, 고요하면 잘 움직이고, 잘 움직이면 모든 일이 뜻대로 된다(휴즉허 허즉실 실즉윤의 허즉정 정즉동

동즉득의休則虛 虛則實 實則倫矣 虛則靜 靜則動 動則得矣)"고 했다. 고요하면 비로소 쓸데없는 군더더기를 벗어버리고 당장 내가 맡은 책임이 무엇인지 알게 된다. 마음이 요동치기 시작하는 것은 막지 못해도 멈추기 위한 노력은 해야 한다. 때로는 행동이 마음을 따라가게 하는 게 아니라, 마음이 행동을 따라가게 하는 게 더 낫다. 그렇게 하면 마음이 행동을 따라 저절로 맑아지기도 한다. 그리고 마음이 맑아지면 나에 대한 이해도 조금은 분명해진다.

《채근담菜根譚》에서는 "고요할 때 생각이 맑고 깨끗하면 마음의 참모습을 보게 되고, 한가로울 때 기상이 차분하면 마음의 현묘한 이치를 알게 되며, 담담할 때 정취가 담박하고 평온하면 마음의 참맛을 얻게 된다. 마음을 살피고 도를 깨닫는 데 있어 이 세 가지보다 나은 것은 없다(정중염려징철 견심지진체 간중기상종용 식심지진기 담중의취충이 득심지진미 관심증도 무여차삼자靜中念慮澄澈 見心之眞體 間中氣象從容 識心之眞機 淡中意趣沖夷 得心之眞味 觀心證道 無如此三者)"고 한다.

삶을 멈추고 조용히 음미하는 사람과 멈출 줄 모르고 그저 가는 대로 가는 사람은 다른 삶을 살 수밖에 없다. 걷기를 통해 삶을 잠시 멈추면 마음에 정함이 있고, 마음의 고요함이 찾아오면 편안한 마음을 잠시라도 가질 수 있다. 누구에게나 기회가 있지만 누구나 꼭 하지 않는 그것을 해야만 하는 이유다.

＊

삶의 분주함을 멀리하는 방법 가운데
걷기는 단연 으뜸이라고 할 수 있다.

＊

글쓰기는 나를 아끼는
최고의 방법이다

"최고의 문장은 남다른 기교가 있는 것이 아니라

그저 쓰고자 하는 내용에 꼭 맞게 할 뿐이다."

문장주도극처 무유타기 지시흡호文章做到極處 無有他奇 只是恰好

_《채근담茶根譚》

글을 쓰는 것은 마음을 언어로 표현한다는 점에서 매력적이다. 하지만 그렇기 때문에 망설여진다. 글은 생각의 미미함과 부족함 또한 분명하게 드러내주기 때문이다. 그래서 잘 써야 한다는 심리적 압박감에 사로잡히기 쉽다. 더 나아가 좋은 글을 쓰지 못할 바에는 차라리 쓰지 않겠다는 선택을 하기도 한다.

《채근담》을 쓴 홍자성의 '문장은 남다른 기교가 아니라 쓰고자 하는 내용에만 맞게 하면 된다'는 말은 쓰기에 대한 높은 기대 때문에 쓰지 못하는 사람들을 위로하고 용기를 준다. 글쓰기는 특별한 재주가 있어야 할 수 있는 일이 아니며, 마음에 있는 이야기를 솔직하게 털어놓을 수 있을 정도가 되는 것이 글쓰기의 목표가 되어야 한다고 한다. 하고자 하는 이야기가 무엇인지 아는 것이 우선되어야 하고, 마음에 있는 것이 그대로 글에 드러나게 할 수 있다면 좋은 글이라 정의할 수 있다는 것이다.

글 쓰는 게
이렇게 어려울 줄이야

시중에 글쓰기를 강조하고 방법을 나누는 책들이 넘쳐나도 나는 평생 쓸 일이 없는 사람이라고 생각하며 살아왔다. 그러나 쓰지 않고 읽기만 하니 얼마나 이해했는지, 무엇을 느꼈는지 언제나 애매한 상태를 유지할 수밖에 없었다. 내가 아는 것이 무엇인지, 혹은 알지 못하는 것이 무엇인지 모른다는 점에서 읽기에 그치는 것은 안정감과 동시에 불안감을 주었다. 읽기만 하면 내가 모르는 것을 확인하지 않아도 되기 때문에 안정감이 들었고, 그 때문에 한편으로는 불안했던 것이다.

처음 글을 쓰기로 했을 때, 좋은 글까지는 못 쓰더라도 적어도 생각하는 바는 드러낼 수 있을 줄 알았다. 그런데 쓰면 쓸수록 내가 원하는 방향이 아니라 완전히 정반대로 가다가 다시 돌아오지 못하고 끝나버리기 일쑤였다. 또한 써보지 않았을 때는 내가 대단히 복잡한 생각을 가지고 살고 있는 줄 알았는데, 막상 글을 써보니 그렇게 어려운 생각을 품고 살았던 것도 아니었다. 어려서부터 책을 좋아하고 글 쓰는 것을 좋아했던 사람들이나 할 수 있는 것이라고 단정하며 글쓰기를 포기하려고도 했다. 최소한 수치스러운 마음만은 면하고 싶다는 생각이 들었기 때문이다.

만약 내가 쓰고자 하는 바는 표현할 수 있지만 아름다운 문장을 쓰지 못하는 정도만 되었다고 해도 쓰기를 멈출 수 있었을지도 모른다. 그런데 문제는 글이 내가 생각하는 바와 정반대로 흘러가는 것이었다. 나는 A라고 생각하는데 자꾸 반대로 써졌다. 그리고 되돌릴 힘은커녕 써지는 대로 따라가다가 글이라고도 할 수 없는 것으로 끝나기 일쑤였다. 이처럼 글을 전혀 쓸 수 없다는 것을 알게 되자 오히려 조금은 연습을 해보고 싶다는 생각이 들었다.

글을 처음 쓰기로 한 날에는 3시간 동안 한 문단을 썼다. 옆에서 보는 사람도 없는데 왜 이렇게 창피한 마음이 드는 걸까. 식은땀이 흐르고 긴장을 멈출 수 없었다. 썼다 지웠다를 반복하면서 간신히 생각에서 멀리 떨어지지 않는 글을 쓰기 위해 노력했다. 그렇게 오랜 시간을 썼는데 다음 날 읽어보니 여전히 말이 안 되고 내 생각과도 달랐다. 지우고 다음 날에도 똑같은 시간을 들여서 한 문단을 써봤다. 계속 말이 안 되는 글이 나왔지만 그럼에도 쓰기를 멈추지 않았다. 좋은 글은 아니더라도 표현이 생각의 언저리에서 크게 벗어나지 않는 것까지는 쓰고 싶었다.

글을 쓰는 목적은

잘 쓰는 데 있지 않다

《안씨가훈顔氏家訓》에서는 "보통 사람이 짓는 글이 일단 문체의 규범에서 벗어나지 않고 글의 뜻이 대충 볼 만한 정도라면 바로 재능 있는 작가라고 부를 수 있다. 그래서 어떤 작가라도 반드시 세상 사람들을 감동시키고 기세가 세상을 뒤덮을 만큼의 대문장가가 꼭 되어야 한다면, 역시 '황하의 물이 맑아지기를 기다린다'고 말한 것처럼 기다려야 하리라(사불실체재 사의가관 편칭재사 요수동속개세 역사하지청호使不失體裁 辭意可觀 便稱才士 要須動俗蓋世 亦俟河之淸乎)"라고 한다. 탁하고 누런 황톳물이 맑아지는 것은 사람이 노력해서 되는 일이 아니다. 탁월한 글쓰기 재능은 하늘이 부여하는 것이기 때문에 사람은 사람이 할 수 있는 일에 집중하라는 뜻이다.

　잘 써야 한다는 부담을 가지면 시작조차 할 수 없다. 글은 누구나 쓸 수 있고, 생각이 빈약하더라도 정확하게 표현하는 데 그 의의가 있다. 이렇게 이해한 후부터 나는 글쓰기를 더 이상 두려워하거나 부끄러워하지 않기로 했다. 글을 잘 쓰고자 하는 욕심이 부끄러운 마음을 안긴 것이고, 이는 황하의 물이 맑아지기를 학수고대하는 것만큼이나 불가능하고 어리석은 생각이기 때문이다.

　글은 생각을 표현하지만, 글이 생각을 다듬어주기도 한다. 쓰다 보면 마음이 정리되기도 하고, 생각지 못했던 마음이 불쑥 튀어나오기도 한다. 나에 대한 가장 심도 있는 대화는 타인에게 내 이야기를 털어놓는 것이 아니라 내 생각을 적어보는 것이었다. 생각을 마음에 담아두기만 하는 것과 글로 꺼내는 것에는 많은 차이가 있다. 어렴풋이 느끼고 있는 감정이 분명한 언어로 바뀌는 과정에서 마음이 해소되고 정화된다. 불안이든, 걱정이든, 아니면 기쁨이든 일단 쓰기 시작하면 감정이 누그러지는 것을 경험할 수 있다.

《여씨춘추》에는 "칼은 잘 벨 수 있기를 바랄 뿐이지, 굳이 막야鎮鋣 같은 명검이기를 바라지 않으며, 말은 천리를 달릴 수 있기를 바랄 뿐이지 굳이 기오驥驁 같은 명마이기를 바라지 않는다(양검기호단 불기호막야 양마기호천리 불기호기오良劍期乎斷 不期乎鎮鋣 良馬期乎千里 不期乎驥驁)"는 말이 있다. 이를 글쓰기에 비춰 보면 글이라는 것도 내 생각을 표현할 수 있으면 그만이지 최고의 글을 바랄 필요는 없다는 뜻이다. 남다른 기교를 가진 글은 많은 사람에게 감동과 깨달음을 주지만, 내가 쓴 글은 다른 사람의 글에서 얻을 수 없는 것을 나에게 준다. 다른 사람의 글은 타인을 이해하고 공감하게 해주지만, 나에 대한 공감과 이해는 내가 쓴 글에서 얻어지는 것이다.

글을 쓰기 전에 나는 내 생각을 그렇게 중시해본 적이 없는 것 같다. 그러나 쓰는 순간만큼은 세상에서 나의 생각보다 더 중요한 것이 없다고 여겨진다. 그러니 내 글이 아무리 부끄럽게 느껴진다고 하더라도 글쓰기는 나를 아끼는 최고의 방법임에 틀림없다. 그래서 나는 매일 글쓰기를 한다. 아주 조금씩이라도 쓰다 보면 내가 보이고, 나의 생각이 보이고, 나의 삶이 보이기에 그 소중한 경험을 포기할 수 없다.

＊

글은 잘 쓰기 위해 쓰는 것이 아니다.

단지 내가 가진 생각이 무엇인지

알기 위해 쓸 뿐이다.

＊

2
장

나다운 삶을
완성하는 지혜

포기하고 싶을 때쯤
'거의 다 온 것'이다

"네 앞에 문도 없고 출구도 없을 때, 그리고 모든 거처를 하나로 대하면서

부득이한 것 속에서 머물 곳을 찾게 될 때, 너는 거의 다 온 것이다."

무문무독 일택이우어부득이 즉기의無門無毒 一宅而寓於不得已. 則幾矣

_《장자》〈인간세人間世〉

할 수 있는 게 아무것도 없다고 느낄 때, 모든 방향이 꽉 막힌 진퇴양난의 상황에서도 머물 곳을 찾아내야 한다. 어쩔 수 없는 상황은 사람을 자포자기로 이끄는 것이 아니라, 더 많은 생각과 고민을 하게 만든다. 삶이 내 의지대로 이루어지지 않는다고 느낄 때 더욱 강한 의지를 가지게 되고, 부득이함에 나를 맡기는 순간 순응보다는 돌파하려는 욕구가 더욱 커진다. 그런 의미에서 어쩌면 장자의 "거의 다 온 것"이라는 말은 의지를 최소화하라는 뜻인지도 모른다. 그러나 부득이함 속에서 최소한의 의지는 더 이상 미약하고 보

잘것없지 않다. 많은 것을 포기하더라도 절대로 포기하고 싶지 않은 것이 생기는 순간 그것은 더 이상 나약한 의지로만 남지 않을 것이기 때문이다.

아주 작더라도 나의 의지대로 할 수 있는 일, 고전 읽기

내가 원하는 것이 무엇인지 모르고, 그 무엇도 제대로 할 수 없다는 걸 인정하는 게 힘들 때가 있었다. 그때는 어디쯤에 서 있는지조차 가늠하기 어려운 캄캄한 터널에서 무엇부터 시작해야 할지 알 수 없는 참담한 시간들을 견딜 수밖에 없었다. 과거의 내가 만들어낸 현재였기에 누군가를 원망할 수도, 힘들다는 내색을 할 수도 없었다. 과거의 선택들이 모여 현재의 나를 여기로 이끈 것이지, 누군가 선택을 강요해서 얻은 결과는 아니었기 때문이다. 하지만 그런 어려운 순간에 다다르지 못했다면, 아마 내가 뭘 놓치고 살았는지조차 생각해보지 못했을 것이다. 어쩔 수 없는 상황에 놓이자 비로소 어떤 마음으로 살아가야 할지 진지하게 고민하기 시작했다. 언제까지 삶에 이리저리 휩쓸려야 할까. 이젠 나름의 생각과 의지를 가지고 살아야 하지 않을까.

부득이함 속에서도 내가 머물 수 있는 최소한의 공간을 찾아야 했다. 나를 이루고 있는 삶을 완전히 부정하고 바꿀 수는 없지만 조금 다르게 생각해보거나 마음을 키우는 일은 가능할 테니까. 그렇게 인생에 의미를 부여하고, 마음을 다해 단단하게 일어설 수 있게 할 어떤 것이 필요했다. 몸이 얽매여 있다는 생각이 들수록 정신은 더 많은 것을 요구하고 부단히 흘렀다. 지금 여기에서 만족하지 못한다면 어디를 가더라도 달라지지 않을 게 분명했다. 아주 작은 일이라도 나의 의지를 관철시킬 수 있는 무언가를 찾는 일이 절박했다.

어떻게 해야 삶에 작은 균열을 만들어낼 수 있을까. 나는 왜 살고 있고, 왜 살아가야 하는 것일까. 답을 얻기 위해 할 수 있었던 유일한 일은 닥치는 대로 책을 읽는 것이었다. 모든 책에는 배울 점이 있었고 나름대로의 장점이 있지만, 인생에 대한 물음이라는 시급한 과제 앞에서 보다 직접적인 가르침과 울림이 있으면 좋겠다는 생각이 들었다. 그때부터 그 어느 때보다 간절한 마음으로《논어》를 읽기 시작했다. 많은 사람이 스승으로 삼는다는《논어》가 적절한 삶의 지표를 제공해주지 않을까 하는 기대를 품으며.

인생을 주도하지 못할지라도
마음만은 자유로울 수 있다

《논어》의 첫 구절은 "배우고 때때로 그것을 익히면 이 또한 기쁘지 아니한가? 벗이 있어 먼 곳에서 찾아오면 이 또한 즐겁지 아니한가? 남이 (나를) 알아주지 않아도 원망하지 않으면 이 또한 군자답지 아니한가?(학이시습지 불역열호 유붕자원방래 불역락호 인부지이불온 불역군자호(學而時習之 不亦說乎 有朋自遠方來 不亦樂乎 人不知而不慍 不亦君子乎)"
라는 구절로 시작한다. 한 구절 안에 배움의 기쁨, 우정의 소중함,
남이 아닌 나를 위한 삶에 대해서 이야기하고 있다. 꽉 막히고 답답
한 상황에 놓이니 이 구절이 이전과 달리 하나하나 새롭고 또렷하
게 읽혔다. 남이 알아주지 않아도 원망하지 말라는 말은 온전히 나
에게 하는 말이라는 생각이 들었다.

　　나는 왜 나를 알아주지 않는 남에게 마음을 쓰면서 살았을까.
남이 나에게 원했던 것일까, 아니면 내가 먼저 그렇게 살고자 했던
것일까. 타인이 나에게 진짜 원하는 것이 있었는지, 원하는 것이 있
었다면 구체적으로 무엇이었는지도 잘 몰랐다는 생각이 든다. 결국
남이 아닌 내가 만든 틀에 스스로를 가두고 눈치를 보면서 살았던
것이다. 힘들고 막연했던 생각이 명확하게 언어로 표현되면 더 이
상 그렇게 힘들거나 막연하게 느껴지지 않기도 한다. 나의 상황을
짤막한 한 줄로 정리해놓은 것을 읽자마자 고민이 해소되고 마음이
치유되는 것을 느낄 수 있었다.

　　남들에게 인정받으려면 가치 있고 효용성을 가지는 일을 하는
것이 낫다. 뭐든지 예상할 수 있는 것이 불확실한 것보다 인정받기
때문이다. 그러나 이제는 분명히 달라져야 했다. 가치를 측정할 수
있는 일보다 가치를 측정할 수 없는 일, 많은 사람에게 의미를 가지
는 일보다 나에게 의미 있는 일이 무엇인지 찾아야 한다는 생각이
들었던 것이다. 양주楊朱는 "자기 몸에서 한 개의 터럭을 뽑아서 천
하가 이롭게 된다고 해도 뽑아 주지 않는다"고 했는데 왜 나는 세상

을 위해 이로운 일도 하지도 못하면서 세상의 눈치만 보고 살아왔던 것일까.

맹자는 "사람이란 하지 않은 것이 있은 후에야 무엇인가 하는 것이 있게 된다(인유불위야 이후가이유위人有不為也 而後可以有為)"고 했다. 나 또한 아무것도 할 수 없고, 하지 않았던 괴로운 시간들이 결국 하고자 하는 욕구를 만들어주었다. 그 시간은 결국 무엇이라도 할 수 있게 될 때까지 견뎌야 했던 소중한 시간이었다.

장자는 우리가 원하는 것과 반대로 흘러가는 것, 우리가 어찌할 수 없는 부득이한 곳에 머물게 될 때 오히려 마음이 깨어난다고 말한다. 부득이함에 놓인 답답한 상황은 나에게 자기 자신에 대한 끊임없는 물음을 던졌고 그와 더불어 고전이라는 출로를 만들어주었다.

과거를 돌아보고 현재와 맞닥뜨리는 것은 고통스러운 과정이다. 하지만 그 속에서 알고자 하는 욕구가 더욱 강해지는 것이 바로 장자가 말한 "거의 다 온 것"이라는 의미일지도 모르겠다. 나는 인생에서 아무것도 주도하지 못하는 순간에도 마음만은 자유로이 할 수 있다는 것을 비로소 깨달았다.

＊

살다 보면 스스로를 직시할 수밖에 없는

순간과 마주한다.

그 시간들을 축적하며

우리는 더디지만 어른이 된다.

＊

나와의 약속을 지키면
자신감이 생긴다

"작은 믿음이 이루어져야 큰 믿음이 세워진다."

소신성즉대신립小信成則大信立

_《한비자韓非子》〈외저설 좌상外儲說 左上〉

상앙商鞅은 물건을 옮기면 상을 주겠다는 쉬운 방법을 써서 최초로 '법法'의 의미를 알렸다. 이와 마찬가지로 한비자는 법에 대한 믿음을 키우려면 작은 약속부터 실천해야 한다고 말한다. 작은 약속들이 지켜지면 법에 대한 신뢰가 생기고 비로소 나라가 안정되기 시작한다는 것이다.

큰 믿음은 단번에 만들어지지 않는다. 주위의 작은 돌과 흙을 치워야 비로소 큰 돌을 옮길 수 있는 조건이 갖추어지는 것처럼 반드시 작은 믿음이 축적되어야 큰 믿음이 세워진다.

욕심 때문에

자신감을 잃어갈 때

《열자烈子》에는 상구개商丘開라는 사람의 일화가 나온다. 화생禾生과 자백子伯이라는 두 사람이 상구개의 집에 머물게 되었는데, 세도가 범씨 집안의 아들 자화子華에 대한 이야기를 한다. 자화는 산 사람을 죽게 할 수 있고, 죽은 사람을 살릴 수도 있으며, 부자를 가난하게 할 수 있고, 가난한 사람을 부자로 만들 수 있다고 했다. 굶주림과 추위로 절박했던 상구개는 그 말을 믿고 자화의 집을 찾아간다. 자화를 따르는 무리들은 늙고 약한 상구개에게 짓궂게 굴며 누대에서 뛰어내리면 상으로 백금을 주겠다고 희롱한다. 상구개는 정말 그러는 줄 알고 뛰어 내렸는데 다친 데가 없었다. 사람들은 다시강물이 굽이치는 곳에 가서 구슬을 건져내라고 한다. 상구개는 이번에도 물속으로 뛰어들어 구슬을 가져왔다. 나중에 범씨네 창고에불이 났다. 그러자 자화는 불 속으로 들어가 비단을 가져오는 사람에게 상을 내리겠다고 말한다. 상구개는 어려워하는 기색 없이 불속에서 왔다 갔다 하는데 조금도 그을리지 않았다. 사람들은 상구개가 도를 터득했다고 생각하고 사과했다. 이에 상구개는 범씨 무리의 말을 진실로 여기고 의심하는 마음이 없었다고 답한다.

상구개 이야기는 진실인지 아닌지와 상관없이 확고한 믿음을가져야 한다는 것을 보여준다. 지극한 믿음은 물과 불을 이겨낼 정도로 인간의 한계를 뛰어넘을 수 있게 해준다.

자기 자신을 믿는 것이 중요하다고 하지만 나에 대한 신뢰는 쉽게 생기지 않는다. 나는 뭐든지 단번에 얻고자 하는 사람이었다. 큰 돌을 옮기기 위해서 큰 돌에만 집중했다. 그 주위에 놓여 있는 작은 돌과 흙을 우습게 여겨서 큰 돌은 말할 것도 없고 작은 것조차 제대로 옮겨본 적이 없었다. 이런 경험들이 쌓이자 결국 스스로를 아무것도 할 수 없는 사람이라고 간주하기 시작했다. 단번에 스스로를 뛰어난 사람으로 여기고자 하는 욕심 때문에 오히려 극도의 자책과 체념에 빠진 것이다.

자포자기는 할 수 있는 작은 일들도 할 수 없게 만드는 치명적인 일이다. 정이천程伊川은 《역전易傳》에서 "매우 어리석다는 것에는 두 가지가 있으니, 스스로를 학대하는 자포와 스스로를 포기하는 자기다. 사람이 진실로 선한 본성으로 스스로 다스린다면 고칠 수 없는 자는 없으니, 지극히 어리석은 사람일지라도 모두 점차로 연마하여 나아질 수 있다. 그러나 오직 자포하는 자는 거부하면서 자신을 믿지 않고, 자기하는 자는 체념하면서 하려고 하지 않는다(소위하우유이언 자포야 자기야 인구이선자치 즉무불가이자 수혼우지지 개가점마이진야 유자폭자 거지이불신 자기자 절지이불위所謂下愚有二焉 自暴也 自棄也 人苟以善自治 則無不可移者 雖昏愚之至 皆可漸磨而進也 唯自暴者 拒之以不信 自棄者 絶之以不爲)"라고 말한다. 그래서 자신에 대한 신뢰를 쌓고 스스로를 포기하는 어리석은 태도에서 벗어나야 한다는 것이다.

나 자신과 한 사소한 약속을 지켜야
큰 믿음이 생긴다

내가 어떤 사람인지 알 수 있는 방법은 많다. 유안劉安은 "나뭇잎 하나 떨어지는 것을 보고 한 해가 저물어가는 것을 알고, 병 속의 얼음으로 천하가 춥다는 것을 안다(견일엽락 이지세지장모 도병중지빙 이지천하지한見一葉落 而知歲之將暮 睹瓶中之冰 而知天下之寒)"라고 했다. 꼭 지구 밖으로 나가서 지구와 태양을 들여다보지 않아도 낮과 밤의 반복과 계절의 변화를 통해서 둘 사이의 관계를 파악할 수 있는 것처럼, 나를 믿으려면 작은 것을 하나하나 이루면서 천천히 나를 알아가는 것이 중요하다. 어떤 체계적인 지표가 필요한 게 아니라 생활 속에서 자신에 대한 신뢰를 쌓아가야 하는 것이다.

《근사록近思錄》에는 "작은 일을 소홀히 하지 않음은 신중함의 극치이다(불홀어소 근지지야不忽於小 謹之至也)"라는 말이 나온다. 작은 조짐이 큰 사건을 야기하는 것처럼 작은 일이 쌓여서 중요한 일이 된다는 뜻이다. 작은 일은 누구나 할 수 있기 때문에 대수롭지 않게 여길 때가 많다. 그러나 작은 일에 더욱 신중을 기하고 정성을 다해야 한다.

나 자신과 한 사소한 약속들을 쉽게 어기면서 자신감을 잃었던 때가 있다. 그때는 스스로에 대한 믿음을 어디부터 어떻게 쌓아올려야 하는지 몰랐다. 그래서 무엇이든 지킬 수 있는 약속을 해보는 수밖에 없었다. 그 약속이 무엇인지는 아무도 알려주지 않는다. 하지만 아주 티끌 같은 약속일지라도 지켜내면서 나 자신을 향한 불신이 조금씩 허물어지는 것을 느낄 수 있었다.

공자는 "사람이면서 믿음이 없다면, 그것이 가능한지 모르겠구나. 큰 수레에 소의 멍에걸이가 없고, 작은 수레에 말의 멍에걸이가 없다면 그 수레를 어찌 몰고 갈 수 있겠느냐?(인이무신 부지기가야 대거무예 소거무월 기하이행지재人而無信 不知其可也 大車無輗 小車無軏 其何以行之哉)"고 했다. 사람이 믿음이 없다는 것은 소가 멍에를 지고 있지 않다는 것과 같다는 의미다. 믿음이 없으면 삶의 방향이나 목적 없이 이리저리 떠돌게 되는 것이다.

내가 나를 믿는 것은 전혀 해가 되는 일이 아니다. 그렇다면 언제나 믿지 않는 쪽보다 믿는 쪽을 선택하는 것이 더 낫다. 그리고 믿기 위해서는 나를 믿을 수 있는 일을 지속해야 한다. 단번에 생겨나는 믿음은 없기 때문이다. 법이라는 것도 작은 약속에서 신뢰를 쌓아가는 것처럼 나와의 사소한 약속을 지키다 보면 어느새 스스로에 대한 확고한 믿음이 생길 것이라고 믿는다. 그러한 노력을 지속하지 않으면 예상치 못한 곳에서 또다시 스스로를 부정하고 가로막는 나와 만나게 될 것이다.

✸

나를 의심하는 것과 나를 믿는 것 중에

나는 언제나 믿음을 선택할 것이다.

불확실성을 확실성으로 바꿔주는 힘은

믿음뿐이기 때문이다.

✸

나를 잃었을 때
더욱 성숙해진다

> "이미 남을 위함으로써 내가 더욱 있게 되고,
>
> 이미 남에게 줌으로써 내가 더욱 많아진다."
>
> 기이위인 기유유 기이여인 기유다既以爲人 己愈有 既以與人 己愈多
>
> _《노자老子》〈제81장第81章〉

살다 보면 자의가 아니라 타의에 의해서 움직이는 나를 만날 때가 있다. 그런 날은 삶 속에 내가 없는 기분, 중심이 아니라 주변부에 머무는 것처럼 느껴지곤 한다. 이처럼 나의 의지가 그다지 부각되지 않는 삶도 나의 인생이라고 정의할 수 있을까. 내 마음보다 타인의 편의를 더 위해야 할 때도 그것을 내 삶의 일부라고 받아들여야만 할까.

노자는 남을 위한 일을 하는 게 나를 잃는 것이 아니라 나를 찾는 일이며, 남에게 더 많은 것을 줌으로써 결국 더 많은 것을 얻게 된다고 했다. 나보다 남을 위해 사는 것이 도대체 나에게 어떤 이익을 주는 걸까. 희생에는 귀하고 소중한 가치가 있지만, 그렇게 해서 되레 얻게 된다는 것은 무엇을 의미하는 걸까?

나를 잃는다고
느낄 때

어렸을 때는 나이가 들면 더욱 자유로워지는 줄 알았다. 하지만 어른이 되면서 그와는 정반대로 흘러간다는 것을 깨달았다. 나라는 좁은 세계에 살다가 갑자기 타인까지 챙기게 되면서 여러 우여곡절을 겪고 몸과 마음이 힘들어진다. 어른이 된다는 것은 내키는 대로 사는 것이 아니라, 점점 더 많은 책임과 역할이 주어지는 과정이었다. 나의 의지가 도무지 주목을 받지 못하는 상황들이 이어지자 당황하지 않을 수 없었다. 받는 것이 아닌 주어야 하는 삶에 대해서 한 번도 생각해보지 않아서 그랬던 것 같다.

　아이를 키우는 사람들은 '나를 잃어버렸다'는 말을 자주 한다. 삶의 중심축이 아이로 이동하면서 모든 것을 내가 아닌 아이의 입장과 편의에서 판단하기 때문이다. 이렇게 사는 게 나를 잃어버린 것이라면, 내가 오롯이 나이기만 했을 때는 언제였을까. 해맑기만 했던 고등학교 시절일까, 아니면 거침없던 대학교 시절일까. 사회에서 멋진 직장을 다녔다면 나를 찾을 수 있었을까. 결혼을 하지 않았으면, 결혼을 했더라도 아이를 낳지 않았다면 오롯이 나를 위해서 마음 가는 대로 살 수 있었을까. 그게 곧 나를 잃지 않는 삶이라고 할 수 있었을까.

내가 아닌 다른 존재를 위해 사는 건 부끄럽고 소극적인 일이라는 생각이 들기도 한다. 나로 인해 누군가가 희생하는 건 당연하게 느껴지지만, 내가 희생해야 할 때가 오면 부끄럽고 어색하다. 타의에 의해 움직이는 사람은 주도적으로 보이지 않기 때문이다. 언제부턴가 희생이라는 단어에는 좋은 의미만 담겨 있다는 생각이 들지 않았다. 현명함이나 당당함과는 거리가 먼, 시대착오적이고 답답한 분위기가 느껴졌다. 그러나 누군가의 희생 없이 인간은 존재할 수 없다. 나 역시 누군가의 희생으로 여기까지 왔다. 그렇다면 나를 위해 희생한 사람들은 모두 어리석은 선택을 한 거라고 해야 할까.

어린 시절에 나를 잃지 않았다고 느끼는 것은, 내가 독립적이었기 때문이 아니라 누군가의 희생을 담보로 살아왔다는 것을 의미한다. 그럼에도 온전히 나를 지킬 수 있었다고 오해한 것은 책임이 따르지 않는 방종을 자유라고 착각했기 때문이다. 내가 나를 잃어버리지 않았다고 생각했던 시절이 있었다면, 온전히 나의 힘과 의지가 결여되었던 때이다. 혼자 많은 것을 결정할 수 없었기 때문에 책임에서 벗어나 있었던 것뿐이었다.

희생은 삶을
깊고 넓게 만들어준다

희생이라는 것이 나의 부모에게는 잃는 것이 되지만 나에겐 얻는 것이 되었던 것처럼, 지금 누군가를 위해 희생한다고 느끼는 것은 내가 누군가에게 필요한 존재가 되었다는 것을 의미한다. 그러니까 크게 보면 잃고 있는 것만도 아니다. 내가 할 수 있는 일이 적어졌다는 것이 아니라 오히려 많아졌다는 것을 의미하기 때문이다. 받기만 하는 삶을 살다가 비로소 남에게 줄 수 있는 삶을 살게 된 것이다. 그렇다면 지금 나의 삶을 잃는 것으로 여기고 과거를 그리워해야 할까. 누군가의 희생으로 편했던 그 시절에 머무르는 게 더 이롭다고 생각해야 할까. 내가 누군가에게 과감히 줄 수도 없고, 과감히 그 역할을 포기할 수 있는 용기도 없다면 내가 원하는 것은 무엇일까. 이런 의문에 대해 명확한 결정도 내리지 못하면서 희생은 곧 어리석음이라고 생각하며 스스로를 깎아내리면서 살아야 하는 것일까.

화려하고 아름다운 것에 마음이 가는 게 인지상정이라면, 나는 여성으로서 아름답게 가꾸고 유지하는 것이 스스로를 지키는 길이라고 정의한다. 아름다운 겉모습을 잃고 내면의 성숙을 얻을 수 있다면 그 또한 얻는 것이라고 생각할 수 있다. 여성보다는 인간이 더 많은 것을 함의하기 때문이다. 여성이라는 좁은 범위에서 인간이라는 더 넓은 범위로 나아가는 것이 성숙을 의미하는 것이라면, 나는 지금 잃은 것이 아니라 더 많은 것을 얻었다고 생각할 수 있다. 나보다 남을 위하는 삶은 나를 여성보다는 인간의 삶이라는 더 큰 영역으로 확장시킨다. 나는 누군가에게 줄 수 있는 것이 생기면서 나만 생각하고 내 것을 잃지 않으려고 전전긍긍했던, 편협한 마음에서 조금이나마 벗어나게 되었다. 또한 사물을 조금 더 다양하고 느긋하게 볼 수 있는 시각이 생겨 살아가는 데 많은 도움이 되었다. 받기만 하다가 주는 것도 생기게 된 처지는 그야말로 내 삶의 전반에 커다란 변화를 가져온 것이다.

묵자는 "바라던 바만을 하고서 싫어하는 바를 면할 수 있는 경우를 아직 듣지 못하였다(미문위기소욕 이면기소악자야未聞為其所欲 而免其所惡者也)"고 했다. 바라는 것은 언제나 싫어하는 것과 함께해야 한다는 것이다. 자기가 하고 싶은 것만 하고 싫어하는 바를 피하는 것은 애초에 불가능한 일이다. 싫어하는 것을 면할수록 바라는 것 역시 나에게서 멀어지기 때문이다. 주는 것을 잃는 것이라고만 생각하면 삶은 언제나 불만으로 가득 찬 고통이 될 수밖에 없다.

남에게 도움을 주는 일은 타인뿐 아니라 결국 나를 이롭게 한다. 남을 돕는 것은 자기 것만 챙기는 것보다 어리석고 소극적인 태도가 아니다. 남에게 주는 것은 나를 잃은 것이 아니라 얻는 것이고, 오히려 진정한 인간의 모습을 찾을 수 있게 도와준다.

✳

나를 잃고 있다고 느껴질 때
나의 삶은 더욱 넓고 깊게 확장한다.

미숙에서 성숙으로 나아가는 길이
고통스럽게 느껴지는 것은 너무도 당연하다.

✳

— 13일차 —

고요한 마음은
상황에 휩쓸리지 않는다

"하늘이 안정되지 않으면 해와 달이 실려 운행되는 것이 없어지게 된다."

천부정 일월무소재天不定 日月無所載

_《회남자》〈숙진훈俶真訓〉

감정의 파도에 쓰러지지 않게 하는 힘은 내 속에서 나온다. 인생의 파도는 끊임없이 친다. 이 파도를 넘어 헤쳐 나갈 것인지, 아니면 심연의 고요함에 있을 것인지는 전적으로 나에게 달려 있다. 그때 어떤 선택을 해야 할까. 감정의 파고를 넘고 또 넘어야 할까, 아니면 멀리 떨어져서 심연에 관망하는 태도를 가져야 할까.

인생이라는 꽃을 피우는 데 괴로움과 고통은 자양분이 된다고 하지만 꽃피우려면 그것을 관조하는 태도까지 도달해야 한다. 마음이 이리저리 흔들리기만 하면 꽃도 피우기 전에 감정의 파도에 휩쓸려 갈 수밖에 없기 때문이다. 힘든 일이든 기쁜 일이든 흘러가는 것은 매한가지이다. 그런 일에 일희일비하며 감정의 널뛰기가 지속되면 나를 볼 수 있는 기회가 사라진다.

마음이 흔들리면,
세상이 흔들려 보인다

마음에 고요함이 없으면 아주 작은 것이라도 마음속에 담을 수 없다. 마음 바깥의 것은 내가 어찌할 수 없이 이리저리 흘러간다. 그러다가 요동치기도 하고, 나를 깊은 심연으로 끌어당기기도 한다. 그때 나를 꽉 잡아서 고정시킬 수 있는 것은 오직 내 마음뿐이다. 안정되지 않은 하늘에 해와 달이 매달릴 수 없는 것처럼 마음의 평정을 잃으면 잠을 자고 밥을 먹는 사소한 일상조차 이어가기가 어려워진다. 고요한 마음에는 노력이 필요하다. 그런 상태를 유지하기 위해서는 언제나 마음을 관리하고자 애를 써야 한다.

고요한 마음은 외부의 무언가로 얻을 수 있는 게 아니다. 안정되고 변함없는 상황이 찾아와도 오히려 불안감을 느끼는 사람도 있다. 마음의 요동이 외부적인 것에서 오든, 내 마음속에서 일어나는 것이든 좋지 않다는 것만은 분명한 사실이다. 사소한 일이라도 매일 실천하려면 마음의 평정이 필요하기 때문이다. 예를 들어 새벽 기상이라는 루틴을 지키려면 밤에 잠을 잘 자야 하고, 잠을 잘 자려면 자기 전에 심란하거나 불안한 마음이 없어야 한다. 《회남자》에는 "생각하는 자는 잠을 자지 못한다. 생각을 하지 않으려 해도 그 안 하려는 바를 위하는 것이 있게 된다(염려자부득와 지염려 즉유위기 소지의念慮者不得臥 止念慮 則有爲其所止矣)"라는 말이 있다. 자기 전에는 마음에 남는 생각들에서 벗어나야 한다. 그 생각들이 마음을 흔들기 전에 내 삶을 지키는 것보다 더 중요한 문제인지 생각해 보아야 하는 것이다.

마음에 평정을 가진다는 것은 한 발 물러서서 내 마음을 거울로 비춰보는 것이다. 한 발 물러서지 않으면 영원히 그 안에서 고통스러울 테지만, 한 발만 물러서 보아도 생각보다 그렇게 복잡하고 고통스러운 일이 아닌 경우가 많다. 공자는 "사람은 멀리 보지 않으면 가까운 데에서 근심을 찾는다(인무원려 필유근우人無遠慮 必有近憂)"고 했다. 마음의 평정을 방해하는 일이 있을 때, 그 일을 대하는 마음만 변해도, 아니면 조금만 떨어져서 생각하거나 조금 더 멀리 생각해보면 그렇게 나를 분노하게 할 일이 아닐지도 모른다. 모든 것이 다 마음에서 나온다는 말이 언제나 맞는 말은 아니라고 하더라도, 생각보다 많은 것이 관점을 조금만 달리해서 보면 그렇게 힘든 일이 아닌 경우가 많다.

마음이 안정돼야

꾸준할 수 있다

장자는 "누구든 흐르는 물에서 거울을 찾지 않고 고요한 물에서 거울을 찾는다. 멈춰 있는 것만이 고요하게 멈춘 것을 고요하게 멈출 수 있다(인막감어유수 이감어지수 유지능지중지人莫鑑於流水 而鑑於止水 唯止能止衆止)"고 했다. 흐르는 것이 물의 속성이라고 하지만 멈춰 있는 것에도 그 나름의 의미가 있다. 흐르지 않는 물은 거울이 되어 나를 비추기도 하고, 물과 함께 흘러가는 것들을 멈추게 한다. 멈춘 후에야 나의 모습을 제대로 볼 수 있고, 안정된 내가 주위 역시 고요하게 만들 수 있다. 그래서 변화 속에서도 안정은 필요하다. 주위 환경이 어떻게 달라지든 내 마음은 고요하게 가져야 하는 것이다.

　때로는 나태한 마음이 내 감정을 이용한다는 생각이 든다. 고요하고 정지된 상태에서는 내가 매일 해야 할 일에 대해 하지 않을 이유를 찾을 수 없다. 특별한 감정이 생기면 슬그머니 매일 하기로 한 일을 손에서 놓고 싶은 마음이 든다. 화가 나서 손에 잡히지 않거나 기뻐서 마음이 들뜨면 꾸준히 해왔던 일들이 버겁게 느껴지는 것이다. 기분이 너무 좋거나, 혹은 너무 나쁜 상황은 내가 매일 할 일을 한 번은 넘겨도 괜찮다는 구실이나 정당성을 부여하곤 한다. 그래서 큰일이든 작은 일이든 마음 쓸 일이 생기면 어김없이 루틴을 지킬 수 없을 것 같다는 생각부터 든다.

　평정심은 내가 해야 하는 일을 보다 가볍고 사소하게 만들어준다. 가볍게 하다 보면 하루가 정돈되고 그런 매일이 지속되면서 나의 삶이 된다. 그래서 더 이상 마음을, 내 삶을 분노로 요동치게 만들어서는 안 된다는 것을 안다. 지나친 감정이 내가 하기로 정한 일까지 모두 휩쓸고 가도록 내버려둘 수 없다. 좋은 감정이든 나쁜 감정이든 나와의 약속을 지키고 나서 꺼내 봐도 늦지 않다. 할 일을 해내면 그 감정도 아무것도 아니었다는 것을 알게 된다.

관자管子는 "사람이 바르고 고요할 수 있으면 갈비뼈가 굳세고 뼈대가 강해진다(인능정정자 근인이골강人能正靜者 筋肕而骨強)"고 했다. 바르고 고요한 것은 상황에 따라 달라져야 하는 것이 아니라 내가 그런 사람이 되도록 노력해서 얻어내야 하는 것이다. 마음의 안정은 나를 비롯해 주위의 모든 사람에게도 영향을 준다. 흔들리고 요동치는 마음을 가진 부모를 거울로 삼을 수 있는 자식은 없다. 내 삶을 안정적이고 고요하게 가져가야 주위의 사람들도 차분한 마음으로 살 수 있다. 그래서 고요한 마음을 유지하는 것은 나를 위해서도 또 다른 사람들을 위해서도 유익한 삶의 태도이다. 하고자 하는 일을 하루도 빠짐없이 지속하게 해주고, 사랑하는 사람들에게도 일관되고 안정된 모습을 보여줄 수 있게 해주기 때문이다. 그리고 요동치던 나의 삶도 고요하게 그 자리에 그대로 놓이게 되는 것이다.

＊

일정한 마음은 꾸준히
이어갈 수 있는 바탕이 되어준다.

안정된 땅 위에서만
생명이 뿌리내릴 수 있는 것처럼
흔들리지 않는 마음 위에
삶을 바로 세울 수 있다.

＊

나를 귀하게
만드는 것은 나다

"나를 알아주는 사람이 드물수록 나는 귀해진다."

지아자희 즉아자귀知我者希 則我者貴

_《노자》〈제70장第70章〉

　누구나 가질 수 없는 것을 귀하다고 말한다. 누구나 소유할 수 있는 것은 귀한 것이 아니기 때문이다. 유일무이한 존재는 그 자체로 희소성을 가지고 있으니 사람은 저마다 귀한 점을 가지고 있다고 할 수 있다. 그래서 노자는 타인에게 인정받고 이해받지 못할수록 귀해지는 것이라고 말한다. 스스로를 귀하다고 여길 수 있는 사람은 타인에게 행복하고 완전한 모습으로 보이기를 바라지 않고, 자기를 만족시킬 수 있는 사람이 되고자 한다. 타인에게 주목받는 것이 아니라 자신에게 충실하려고 하는 것이 곧 스스로를 귀하게 하는 길이라는 것을 알기 때문이다.

세상의 관심이
나에게서 멀어질 때

사람들이 나에게 보인 관심이 얼마나 의미 없는 것인지는 그들이 관심을 거두기 시작했을 때 비로소 깨닫게 된다. 내가 세상 물정의 관점에서 실패했다는 것이 분명해졌을 때 주위에서 나라는 사람에 대해 궁금한 마음, 가까이 하고 싶은 마음이 모조리 사라져버리는 것을 어렵지 않게 느낄 수 있었다.

모두의 관심이 떠난 순간, 이제는 더 이상 남들을 납득시키면서 살 필요가 없게 되었다는 것을 알게 된다. 어떤 일을 시작하거나 새로운 생각을 품으면 누군가에게 지지를 받고 싶은 마음이 있었다. 그런데 돌이켜보면 다른 사람의 지지를 받는다는 게 무척 힘든 일이었다는 생각이 든다. 중간에 예상치 못한 변수도 많고 어쩌면 처음의 생각과 달라져서 전혀 다른 방향으로 가야 하거나 중단해야 할지도 모르는 일인데, 일일이 이유를 설명하고 이해시킨다는 게 얼마나 부질없고 힘든 일인가. 갈 길이 먼데 처음부터 끝까지 누군가를 끌고 가는 것은 애초에 불가능한 일이었다.

장자는 "세속 사람들은 누구나 다 남이 자기에게 동조함을 기뻐하고 남이 자기에게 반대함을 미워한다(세속지인 개희인지동호기이오인지이어기야世俗之人 皆喜人之同乎己 而惡人之異於己也)"라고 했다. 한비자도 "대개 사람의 정이란 버리고 취하는 취향이 같은 사람들끼리는 서로 찬성하고, 다를 경우에는 서로 비방한다(범인지대체 취사동자칙상시야 취사리자칙상비야凡人之大體 取舍同者則相是也 取舍異者則相非也)"고 했다. 사람들과 원만한 대화를 하기 위해서는 반대보다는 동조를 하거나, 다른 취향보다는 같은 취향에 대해 이야기하는 게 더 낫다는 것이다. 물론 대화를 이어나갈 때는 다른 것보다는 같은 것에 대해 이야기를 나누는 게 관계를 유지하는 데 중요한 태도이다. 그러나 삶에 대한 생각이 반드시 같아야 할까? 굳이 달라야 할 필요도 없지만 말이다. 나한테 다른 사람과 구별되는 특별한 것이 없다고 해도 나에게 중요한 것이 무엇인지는 알아야 한다. 그러려면 무엇보다도 나 자신과 대화가 필요하다. 내가 무엇을 좋아하고 싫어하는지, 무엇을 하고 싶고 하기 싫은지. 다른 사람과의 대화가 아니라 나와의 대화를 통해 그것이 무엇인지 알아내야 한다.

누가 알아주길 바라지 않고
조용히 나의 일을 해나간다

나는 언제부턴가 모든 것을 조용히 가슴속에 간직한 채 완성되기 전까지 아무에게도 알리지 않는다. 내가 원하는 것이 무엇인지 알기 위해서는 나 자신에 대한 관심이 우선이기 때문이다. 내 생각이 어떻게 전개되고 어떻게 마무리될지는 나 역시 끝을 내야 확인할 수 있다. 중간에 남과 공유하면 원래 가고자 했던 방향과는 정반대의 방향으로 갈 수도 있다. 처음 나의 의도를 잃지 않기 위해 마무리가 된 후에 평가를 받는 것이 그렇지 않은 경우보다 유익할 것이다. 잘못된 결과를 얻게 되더라도 온전히 나의 책임이라고 생각할 수 있기 때문이다.

내가 좋아하고 하고 싶은 것에 대해서 다른 사람의 지지가 필요 없다는 것을 알게 된 후, 새로운 일을 시도하는 게 더 이상 두렵지 않게 되었다. 그 일에 관해 다른 사람과 대화할 일이 없으니 자연스럽게 그 누구도 나의 시작을 잘 알지 못하기 때문이다. 마음이 바뀌면 언제든지 그만둘 수 있다고 생각하니 한 발 내딛는 게 쉬워졌다. 뭐든지 내가 판단하고 결정해야 한다는 것을 알게 된 이상, 더 몰입하기도 쉽고 아니라는 생각이 들었을 때는 빠르게 포기할 수도 있었다.

나에게 타인의 관심과 인정은 방패막이가 아니라 언제든지 찌르고 아프게 할 수 있는 창과 같은 것이었다. 그 창이 사라진 이후에 나는 나만의 방패막이를 가진 것 같은 안온함을 느낀다. 내가 결정하고 책임을 지는 것. 단순하지만 지키기 어려운 일이었다. 하지만 그 어떤 간섭 없이 내면에 귀를 기울이고 진심으로 원하는 것이 무엇인지 물을 수 있게 된 지금의 삶은 무척 만족스럽다. 언제나 내가 주도하는 삶이 그렇지 않은 삶보다 만족스러운 것은 당연하다. 혼자 걷는 것이 외롭기는 하지만 내 힘과 의지로 가는 길은 최소한 공허함을 남기지는 않을 것이기 때문이다.

맹자는 "귀하게 되고 싶은 것은 사람마다 공통된 마음이다. 그런데 사람은 누구나 자신의 몸에 귀한 것을 지니고 있는데, 다만 그것을 생각하지 못할 뿐이다. 남이 귀하게 해준 것은 진실로 귀한 것이 아니다. 조맹趙孟이 귀하게 해준 것은 조맹이 천하게 할 수 있다(욕귀자 인지동심야 인인유귀어기자 불사이 인지소귀자 비량귀야 조맹지소귀 조맹능천지欲貴者 人之同心也 人人有貴於己者 弗思耳 人之所貴者 非良貴也 趙孟之所貴 趙孟能賤之)"고 했다. 귀한 것은 남이 아니라 자신에게서 찾아야 한다는 뜻이다.

남에게 나를 알아달라고 하는 것은 귀중하게 여기는 내 보석을 남에게 맡기고 소홀히 다루지는 않을까 전전긍긍하는 것과 다르지 않다. 자신의 소중한 보석을 남에게 맡기는 사람은 없다. 그리고 나에게 있어 나보다 소중하고 가치 있는 것은 없다.

✳

남의 평가에 좌지우지되어서
나를 놓치며 살아서는 안 된다.

나 자신을 더욱 가치 있게 하는 데
치중하기에도 시간은 부족하다.

✳

쓸모없어 보이는
삶도 중요하다

> "사람들은 모두 쓸모 있는 것의 쓸모는 알지만, 쓸모없는 것의 쓸모는 모른다."
>
> 인개지유용지용 이막지무용지용야人 皆知有用之用 而莫知無用之用也
>
> _《장자》〈인간세〉

사회를 하나의 기계에 비유한다면, 사람들은 저마다 부품으로서 나름의 역할을 하고 있다고 할 수 있다. 그 안에서 보이는 힘과 보이지 않는 힘들이 각자 나름대로 운동을 거듭하고 있을 때 아무런 역할도 하지 못하는 나를 자각할 때가 있다. 거대한 사회에서 지극히 사소하고 미미한 것에조차 나의 힘이 닿을 수 없다면, 나는 도대체 어디에서 어떻게 나의 유용성을 입증할 수 있을까. 만일 나의 무용성 안에서도 유용함을 발견한다면, 그것만으로도 위안을 삼을 수 있을까.

나 자신이 쓸모없게
느껴질 때

\

쓸모없는 인간으로 비춰지는 건 슬프고 안타까운 일이다. 그래서 나는 스스로를 지나치게 깎아내리고 부정했다. 내가 사회에서 도태되었고 아무런 유용성이 없는 인간이라고 생각했을 때 나 자신에 대해 어떤 정의를 내려야 할지 알 수 없었다. 나의 삶에 대해 어떤 가치나 의미를 찾을 수 없게 된 상황에서 나 자신에 대한 참담한 마음은 어떤 말로도 표현하기 힘들었던 것이다.

누구나 사회에서 물러나야 할 때가 있고, 몸이 마음을 따라가지 않는 때가 있다. 이렇게 어떤 형태로든 자신의 가치를 의심할 수밖에 없는 순간이 찾아온다. 그럴 때마다 자책하고 스스로를 가치 없는 인간이라고 여긴다면 언제나 불행한 마음을 안고 살 수밖에 없다. 내가 쓸모없는 사람이라면 삶을 포기해야 할까. 아니면 더욱 가치 있는 일로 달려가야 할까.《회남자》에는 "사람으로 하여금 자신을 비하하게 하고 비방하게 하는 것은 마음의 죄이다(사인비하비방기자 심지죄야使人卑下誹謗己者 心之罪也)"라는 말이 있다. 삶을 제대로 이어가지 못하는 잘못을 저지르더라도 나까지 나를 비난할 정도의 죄를 지어서는 안 된다는 것이다. 그런 부정적인 마음으로는 삶을 지탱해나갈 수 없다.

쓸모 있음과 쓸모없음의
중간에 머무르고자 했던 장자처럼

\

목수 석石이 제齊나라로 가다가 토지신을 모신 상수리나무를 보았다. 그 나무는 백 아름이 될 정도로 컸고 배 한 척을 만들 수 있을 법한 큰 가지를 가지고 있었다. 그러나 목수는 눈길 한 번 주지 않았다. 제자가 이를 이상하게 여겨 묻자 목수는 이 나무는 아무짝에도 '쓸 수 없는 나무散木'라고 했다. 그릇을 만들면 깨지고, 대문이나 문을 만들면 진액이 새어 나오고, 기둥을 만들면 벌레 먹는다는 것이다. 목수 입장에서는 분명 쓸데없는 나무였다. 그러나 그런 이유 덕분에 거대하게 자라서 성스러운 일을 하게 된 것이다. 인간의 눈에 좋게 보였다면 벌써 잘리고 꺾이고 온전히 남아 있을 수 없었을 나무가 인간에게 유익하지 않기 때문에 오히려 유익한 삶을 살고 있는 것이다.

상수리나무처럼 나도 누군가에게는 쓸모없는 존재였을 때가 있었다. 하지만 다른 누군가에게는 쓸모 있는 존재였던 적도 있다. 어떤 공간에서 무용했기 때문에 또 다른 공간에서는 오히려 유용해지는 경험을 하기도 했던 것이다. 쓸모 여부를 떠나 중요한 것은 내가 나를 쓸모없다고 여기지 말아야 삶을 건강하게 지속할 수 있다는 사실이다. 내가 객관적으로 어떤 사람인지와 상관없이 스스로를 쓸모없게 여기는 건 도움이 되지 않는다. 나라는 존재에 가치를 매길 수 있는 사람이 나 자신이라면 부정적이기만 한 마음에서 벗어나도록 도와야 하지 않을까.

사회적인 시선이나 기준은 고정된 것이 아니다. 사람들이 말하는 유익한 것이 나에게 무익한 것일 수도 있고, 다른 사람들이 가치 없다고 여기는 것이 나에겐 가치 있는 일이 될 수도 있다. 내가 나를 판단할 때도 마찬가지다. 어렸을 때 요구되었던 것들이 지금은 요구되지 않기도 하고, 예전에는 좋은 태도라고 생각했던 것들이 변하지 않으면 안 되는 것으로 바뀌기도 한다. 변화를 싫어하는 내 성격이 새로운 것에 발 빠르게 대처해야 할 때는 도움이 되지 않았지만, 꾸준한 일상을 살아가거나 인내해야 할 때는 도움이 되기도 했다는 생각이 든다.

예전의 나는 너무나 스스로를 긍정적으로 바라보는 사람이었다. 뒤늦게 내가 부족한 사람인 것을 넘어서서 무가치한 사람이 되었다고 느꼈을 때 처음으로 나라는 사람에 대해 생각하게 되었다. 만약 언제까지고 어설프게 나를 포장할 수 있었다면 절대 나의 삶을 반추하지 않았을 것이다. 그래서 이제는 나한테 쓸모없다고 평가했던 사람들에게 가졌던 원망이나 미움에서도 벗어나려고 한다. 그들은 자신의 시각에서 그렇게 생각했을지도 모른다. 어찌 되었든 그 모든 것이 지금의 나에게 쓸모가 되었기 때문에 감사한 마음을 가지고 싶다.

장자는 "나는 그 쓸모 있음과 쓸모없음의 중간에 머물고 싶다(주장처부재여부재지간周將處夫材與不材之間)"고 했다. 장자가 궁극적으로 원한 것은 세속 밖에서 무용과 유용을 모두 초월하는 것이다. 비록 장자처럼 그 경지에 이르지는 못하더라도 유용성과 무용성의 틀 안에서 조금은 떨어져서 생각해봐야 한다.

이제는 나뿐만 아니라 타인의 유용성에 대해 쉽게 논할 수 없다. 나의 좁은 식견으로 타인이 가진 가치를 평가할 수 없다. 또한 내가 무용성과 유용성 안에서 고통을 받았던 것처럼 모두 그 사이에서 나름대로 가치를 찾기 위해 노력하면서 살아간다는 것을 알게 되었기 때문이다.

나는 누구나 저마다의 가치를 지니고 있다는 것을 인정하고 그것을 응원할 수 있는 사람이 되고 싶다. 이런 바람에도 여전히 유용함과 무용함 사이에서 괴로워할 것이 분명하지만 말이다. 그러나 내가 어쩌다 쓸모 있는 사람이 되는 일이 생기더라도 겸손한 마음을 가지고, 그러지 못하는 순간에도 포기하지 않고 나름의 가치를 찾을 수 있도록 노력해야겠다는 생각이 든다.

❋

사회 안에서 나는
여전히 보잘것없고 무익한 개인일 뿐이다.

그럼에도 나의 삶을 가까이 들여다보고
나만의 쓸모를 찾는 일만큼은
포기하지 않을 것이다.

❋

배움은 오로지
나의 몫이다

"목수와 수레바퀴와 수레를 만드는 기술자는

다른 사람에게 규구의 사용법을 가르쳐줄 수는 있어도

뛰어난 기술자가 되게 할 수는 없다."

재장윤여능여인규구 불능사인교梓匠輪輿能與人規矩 不能使人巧

_《맹자》〈진심 하〉

배우기 위해 아무리 노력을 기울여도 결국 남는 게 없다고 느끼긴다면, 더 좋은 스승을 찾아서 노력했음에도 도저히 배울 수 없다고 생각된다면, 나를 들여다보아야 한다. 나에게 알고자 하는 분명한 목표가 없으면 다른 누구에게서 그 어떤 것도 받아들이지 못하기 때문이다.

맹자는 다른 사람에게서 학문이나 기술을 전수받는 것은 한계가 있다고 말한다. 스스로 실천하고 노력하지 않으면 아무리 수준이 높은 스승이 함께해도 얻을 수 있는 것이 없다는 뜻이다. 단순히 공부를 하고자 하는 욕구를 가진다고 해서 공부를 할 수 있는 것은 아니다. 어떤 공부도 쉽지 않기 때문이다. 나를 뛰어나게 만드는 것은 나의 노력을 통해서만 이루어질 수 있음을 깨닫는 것이 중요하다.

어떻게 배움을
시작해야 할까

언제나 책을 읽고 공부를 하고 싶은 마음이 컸지만 어디서 어떻게 시작해야 할지 알 수 없었다. 누군가 알려준 범위 안에서 시험을 치르기 위한 것이 아니라, 진짜 나를 위한 공부란 어떤 것일까. 나는 알고자 했지만 알고 싶은 것이 무엇인지 구체적으로 알지 못했다. 심지어 내가 관심을 가져야 하는 것이 무엇인지조차 다른 사람에게 물어봐야 했다. 그러나 타인이 알려준 질문과 대답은 그렇게 오래가지 않았다. 내 속에서 만들어지지 않은 질문은 쉽게 증발하기 때문이다.

공자는 "(배울 때) 분발하지 않으면 열어주지 않고, 애태우지 않으면 발휘하도록 말해주지 않는다. 한 귀퉁이를 들어 보였을 때 (다른) 세 귀퉁이로써 반응하지 않으면 (더 이상) 반복해서 가르치지 않는다(불분불계 불비불발 거일우불이삼우반 즉불부야不憤不啓 不悱不發 擧一隅不以三隅反 則不復也)"고 했다. 스스로 통하지 못해서 어려움을 겪고 고민하는 과정을 거치지 않은 사람에게는 먼저 뜻을 열어주어서는 안 된다는 의미다. 시간이 더 오래 걸리더라도 혼자 이해하려는 시간이 있어야 궁금한 것이 생기고, 애타는 마음이 생길 때 비로소 교학 敎學의 가치가 드러난다는 것이다.

　나는 애타는 마음 같은 것이 없었다. 배움에 대한 진정성이 없었기 때문이다. 지적 호기심보다는 지적 허영심으로 마음을 채우고 있었기에 알고자 하는 강한 마음이 생기지 않았던 것이다. 지적 허영심은 학문에 대한 이해로 이어지지 않았다. 배움이 무엇인지 알지 못하니 언제나 조급한 마음만 들었다. 학문이라는 넓은 세계에서는 빨리 얻으려고 하면 할수록 아무것도 얻을 수 없다. 한 권의 책을 읽더라도 오랜 시간 고민하면서 읽어야 하는데, 여러 권을 짧은 시간에 많이 읽어야 한다는 어리석은 생각을 가졌던 것이다.

　이제야 지식을 많이 쌓는 것이 공부가 아니며, 내가 알고 싶은 것이 무엇인지 명확하게 아는 것이 더 중요하다는 것을 알았다. 공자는 많은 지식을 습득하는 것은 배우는 사람의 자세가 아니라고 보았다. 자기만의 물음표를 가지고 답을 얻기 위해 노력하는 것이야말로 배우는 사람의 자세라고 생각했던 것이다. 알고자 하는 마음은 안다고 생각하기 때문에 생기는 것이 아니다. 알고자 하는 순수한 마음에서 비롯된다. 그러므로 자기의 문제를 알고 답을 찾아가려는 나름의 노력을 기울여야 한다.

배움은 다른 사람에게 얻는 게 아니라,
스스로 익히는 것이다

\

　무엇이라도 배우고 싶은 마음에 여기저기 기웃거리고, 많은 이야기를 들으면 더 많이 알 수 있을 거라고 착각하던 시절이 있었다. 그러나 그 과정을 거치면서 마음에 남아 있는 게 아무것도 없다는 것을 깨닫자 불안해졌다. 불안은 이내 공포로 다가왔다. 왜 하나도 남는 게 없었을까? 다른 사람의 설명이 온전히 나에게 전달되지 않았기 때문이다. 어려운 것이든 쉬운 것이든 배우고자 한다면 내 수준의 이해에서 출발해야 한다. 누구도 나와 똑같은 배움의 수준을 가질 수 없다. 그래서 내 수준이 아무리 낮더라도 스스로 묻고 질문하지 않으면 발전된 모습을 기대할 수 없다.

　《근사록》에는 "책의 내용을 상세히 설명하는 것은 반드시 옛사람의 뜻은 아니어서 도리어 사람을 경박하게 만든다. 배우는 자는 마음을 가라앉히고 생각을 쌓고 여유 있게 함양하여 자득함이 있도록 해야 한다(설서필비고의 전사인박 학자수시잠심적려 우유함양 사지자득說書必非古意 轉使人薄 學者須是潛心積慮 優游涵養 使之自得)"는 말이 나온다. 가르칠 때 자세하게 설명하는 것보다 오래 걸리더라도 스스로 깨달아 얻을 수 있도록 해야 한다는 말이다. 스스로의 얻음이 없으면 아무리 자세하게 설명해도 경박해진다고 했다. 자신의 힘으로 노력하려고 하지 않고 남을 통해서 얻으려고만 한다면 깊이를 가질 수 있는 기회가 사라질 것이라는 점을 경계해야 한다는 뜻이다.

배움은 무엇보다 다른 사람으로부터 얻을 수 있는 것이 아니다. 나의 속도로 오르려고 하지 않으면 조금의 발전도 얻기 힘들다. 위대한 업적을 가진 사람들도 저마다 자기의 위치에서 부단한 노력으로 더 높은 곳에 이르렀을 것이다. 나는 자득하려는 노력 없이 단번에 그들이 있는 곳으로 가려는 욕심을 부렸다. 이제는 책을 읽어도 내 수준을 이해하는 것에서 출발해야 한다는 것을 안다. 내 이해가 경박하더라도 남이 알려준 것보다 내가 직접 이해한 것이 도움이 된다는 걸 알게 되었다.

오랜 시간 동안 아주 작은 것을 깨달았다고 하더라도 나의 노력으로 얻은 지식은 누가 알려준 것과는 비교가 되지 않을 만큼의 값어치가 있다. 내가 가진 조그마한 이해력으로 조금씩 더 많은 것을 쌓아나간다면 지금보다 더 많은 것이 보이는 때가 오지 않을까. 그렇게 한 해 한 해 이어가다 보면 이미 더 높은 곳에 있는 사람들이 왜 그런 생각을 했는지 어렴풋이 이해할 수 있게 되지 않을까.

《중용》에서는 "성실함이란 만물의 끝과 시작이니, 성실하지 않으면 (어떤) 만물도 없게 된다. 그러므로 군자는 성실함을 귀하게 여긴다(성자물지종시 불성무물 시고군자성지위귀誠者物之終始 不誠無物 是故君子誠之為貴)"고 했다. 성실함이 없으면 아무것도 존재할 수 없다고 한다. 성실함이 삶의 모든 것이라는 주장은 누구에게나 성실하기만 하면 기회가 찾아온다는 것을 의미한다. 그래서 배움은 기교가 아니라 나의 성실함에 의해 시작되어야 한다. 티끌만 한 배움이라도 남이 아니라 나에게서 구해야 한다.

＊

더할 나위 없는 순수한 감정을 가지고
앎에 다가가야 한다.

배움에 있어 순수함이란
온전히 나로 시작해서
나로 마무리되는 것을 의미한다.

＊

--- 17일차 ---

재물에 집착하면
마음을 잃는다

"외물로 몸을 받드는 자는 외물에 대해서는 모두 훌륭함을 구하지만

자기의 몸과 마음에 대해서만은 훌륭함을 구하지 않는다."

인어외물봉신자 사사요호 지유자가일개신여심 각불요호

人於外物奉身者 事事要好 只有自家一個身與心 却不要好

_《근사록近思錄》〈경계警戒〉

외물이 훌륭하다고 해서 몸과 마음까지 훌륭하지는 않다. 보이
는 것에 의미가 없는 것은 아니지만 거기에만 마음을 쏟으면 쉽사
리 중요한 것을 잃을 수 있다. 몸과 마음 가꾸기는 언제나 겉모습을
꾸미는 것보다 훨씬 중요하다. 외물은 쉽게 얻은 만큼 쉽게 잃을
수 있다. 반면에 몸과 마음을 훌륭히 만드는 것은 어려운 일이지만
내가 가지고 있는 것이기 때문에 지킬 수 있다. 내 안에 훌륭함을 간
직하는 것이 재화로 나를 꾸미는 것보다 안정적이고 지속가능한 일
이다.

밖으로 보여지는 것에만
마음이 쏠리면

\

은殷나라 주紂 임금이 상아로 젓가락을 만들자, 기자箕子는 염려했다. 상아 젓가락을 사용하려면 옥으로 만든 그릇이 필요하고, 옥으로 만든 그릇을 쓰면 채소가 아닌 고깃국만 먹게 될 것이고, 그렇게 되면 비단옷을 입고 고대광실에만 살길 원할 것이라고 생각한 것이다. 결국 기자의 예상대로 그로부터 5년 후에 은나라는 망했다. 주 임금은 사치를 일삼는 것뿐 아니라, 숙부인 비간比干의 심장을 쪼개 보고 임신부의 배를 갈라 보는 등 잔혹한 일을 일삼았다. 이처럼 아무리 작은 것이라도 외물에 마음 쓰기 시작하면 성정마저 변한다.

주 임금의 상아 젓가락과 마찬가지로, 우리는 대체로 한 가지를 얻으면 만족하지 못하고 더 많은 것이 부족하다고 느낀다. 상의를 사면 하의나 외투가 부족하게 느껴지고 신발도 필요하다고 생각한다. 소파를 바꾸면 커튼을 바꾸고 싶고, 집에 있는 물건이 하나둘 어울리지 않는다는 생각이 든다. 외물의 중요성을 부정하는 건 아니지만 자신의 몸과 마음을 잃으면서까지 매달리게 되는 것은 경계해야 한다. 외물이 마음의 많은 부분을 차지하면 신경 써야 하는 것이 많아지고 자연스럽게 고민되는 것도 많아진다. 결국 마음으로 접근하는 통로를 가로막고 진짜 내 마음이 무엇인지 알 수 없게 만드는 것이 문제다.

《소학小學》에는 "사람은 자신의 몸을 받드는 음식이나 옷과 같은 외적인 물건에 대해서는 모든 것이 좋기를 바라면서도, 자신의 몸과 마음만은 좋기를 바라지 않는다. 좋은 물건을 얻었을 때는 도리어 자신의 몸과 마음이 이미 나빠졌음을 알지 못한다(인어외물봉신자 사사요호 지유일가일개신여심 각불요호 구득외물호시 각부지도자가 신여심 이자선불호료야人於外物奉身者 事事要好 只有一家一箇身與心 却不要好 苟得外物好時 却不知道自家身與心 已自先不好了也)"는 말이 나온다. 외물이라는 것은 언제나 마음에 영향을 미친다. 마음이 외적인 것에 영향을 받는 것처럼 외적인 것에 대한 끊임없는 추구는 마음과 몸을 병들게 한다. 지금은 물건을 갖고 싶은 욕망이 신성불가침의 영역이 된 것마냥 그것에 대해 훈계하거나 잘못되었다고 말하는 사람은 없는 것 같다. 오히려 좋은 것이라고 부추기고 정당성을 부여하는 말이 넘친다. 하지만 마음을 잘 들여다보면, 그런 소비 추구가 마음을 채우기는커녕 더욱 공허하게 한다는 것을 부정할 수 없을 것이다. 소비욕과 소유욕을 조금만 덜어내도 몸과 마음이 가벼워지는 것을 느낄 수 있기 때문이다. 외적인 것은 나의 몸과 마음보다 중요한 게 아니다. 언제나 내면의 성장과 강화에 힘쓰는 것이 우선되어야 한다.

부단히 배워야

내면도 채워진다

맹자는 "슬프도다! 사람들은 닭과 개를 잃어버리면 찾을 줄 알면서도 마음을 잃어버리고는 찾을 줄 모른다. 학문하는 방법은 다른 데 있는 것이 아니라, 자신의 잃어버린 마음을 찾는 것일 뿐이다(애재! 인유계견방 즉지구지 유방심 이부지구 학문지도무타 구기방심이이의哀哉! 人有雞犬放 則知求之 有放心 而不知求 學問之道無他 求其放心而已矣)"라고 했다. 마음을 찾는다는 것은 지금 내가 어디에 있는지, 어떤 생각을 하면서 살아가고 있는지, 스스로 생각해볼 수 있는지 묻는 것이다. 맹자는 나의 밖에 있는 물건에 집착하는 것보다 마음을 잃지 않는 것이 무엇보다 중요하다고 말한다. 사람들은 닭과 개를 잃어버리면 아등바등 찾아내려고 기를 쓰고 시간과 노력을 들이는 것을 아깝게 생각하지 않는데, 그 이유는 눈에 보이는 것이기 때문이다. 그러나 마음은 그렇지 않다. 마음은 보이지 않으니 흘러가는 대로 멀리 달아나도 찾으려고 노력하지 않는다.

　　굳이 강조하지 않아도 누구나 외물은 잃으면 안 된다는 것을 안다. 또한 누구나 더 많이 가지려고 부단히 노력한다. 그러나 마음은 의식적으로 부여잡고 있지 않으면 쉽게 놓치기 마련이다. 그래서 나에게 있어 진정으로 중요한 것을 잃지 않으려면 배움을 멈추지 않아야 한다. 배우고자 하는 자세는 온 마음을 물질적인 것에 내맡기는 불상사를 막을 수 있게 도와준다. 비록 외물에 대한 욕심이 완전히 사라지지는 않지만 치우치는 마음을 바로잡을 수 있게 해준다.

　　《서경書經》에는 "배우지 않으면 담을 향해 서는 것 같아서 일에 임하여 번거롭기만 할 것이다(불학 장면 이사유번不學 牆面 莅事惟煩)"라는 말이 있다. 담을 향하면 내 삶의 그 무엇도 제대로 볼 수 없다. 이런 상황은 손쉽게 몸과 마음보다는 외물에 대한 추구로 이어진다. 외물에 대한 끊임없는 욕심은 나를 잃음과 동시에 삶을 지나치게 번거롭게 만든다. 그리고 결국 중요한 나를 잊어버리게 된다.

외물로는 마음과 몸을 채우고 만족시킬 수 없다. 외물로는 끊임없이 불만족을 채울 뿐이다. 오직 나의 몸과 마음을 스스로 가꾸고 관리해야 외물을 가지고 싶은 욕구에서 멀어질 수 있다. 이는 배움을 지속함으로써 얻을 수 있다. 배움은 담에서 돌아서서 몸과 마음을 들여다볼 수 있게 만들어주기 때문이다.

더 이상 외물만 받드는 어리석음을 범하지 않도록 스스로 경계하는 마음을 잃지 않도록 해야 한다. 외물을 잃으면 안타까워하면서도, 정작 내물을 잃고도 그것이 뭔지도 모르는 부끄러운 지경에는 이르지는 않도록 마음을 써야 한다.

＊

삶의 행복은 대부분
밖에서 추구하는 것이 아니라,
안으로부터 이끌어내는 것이다.

나의 마음과 몸을 제대로 소유해야
외물에 대한 통제가 가능해진다.

＊

인생의 속도는
내가 정하는 것이다

"남보다 뒤지도록 처신한다면 곧 처신을 잘한다고 할 수 있을 것이다."

자지지후 즉가언지신의子知持後 則可言持身矣

_《열자列子》〈설부說符〉

호구자림壺丘子林은 열자에게 그림자 같은 삶을 사는 것이 지혜롭다고 말한다. 굽히면 굽히는 대로 뻗으면 뻗는 대로 따르는 게 처신을 잘하는 것이라는 뜻이다. 느긋한 것이 급하게 나아가는 것보다 지혜로운 삶의 태도라고도 할 수 있겠다. 앞으로 나서는 순간에는 우월감을 느끼지만, 위험을 감수해야 하는 일이 생기기 쉽다. 하지만 조급함을 멀리하고 나 자신과의 내밀한 조화에 마음을 쓰면 스스로를 온전하게 지킬 수 있다. 다른 사람이 아니라 나와의 보조를 맞추는 것, 설령 그것이 뒤처지는 것이라고 할지라도 결국 앞서는 것이다.

뒤처지지 않으려 할수록
조급해진다

노자는 "큰 나라를 다스리는 것은 작은 생선을 굽는 것과 같다 (치대국약팽소선治大國若烹小鮮)"고 했다. 작은 생선을 제대로 굽기 위해서는 인내심이 필요하다. 팬이 충분히 달궈질 때까지 기다려야 한다. 한쪽 면이 충분히 익기 전에 뒤집으면 생선살이 다 으스러져서 형체가 사라진다. 그러면 본래의 맛과 식감도 변한다. 노자는 나라의 정책도 작은 생선을 굽듯이 조심스럽게 이루어져야 한다고 했다. 정책이나 법령을 무르익는 시간 없이 자주 바꾸면 얼마나 유익한지와 상관없이 혼란만 가중시켜서 본래의 취지를 잃게 된다는 것이다.

작은 것에도 뒤지지 않으려는 마음은 삶을 돌아보고 음미할 수 있는 시간도 잃게 만든다. 순자는 "쓸데없는 말과 급하지 않은 일은 버려두고 하지 말라(무용지변 불급지찰 기이불치無用之辯 不急之察 棄而不治)"고 했다. 짧은 삶 속에서 남에게 앞서는 것에만 마음을 쓰면 삶의 뒤와 옆을 둘러보는 여유를 잃을 수밖에 없다. 앞만 보고 달려가면 삶이 가진 본래의 허무함을 가중시킬 뿐이다. 내가 아무리 앞서려고 해도 삶은 언제나 눈 깜짝할 만큼 앞서가기 때문이다. 그렇다면 보조를 맞추기 위해 애쓰기보다는 조금은 느린 것에 의미를 둘수는 없을까. 비록 삶이 덧없고 순간적이라고 하더라도 조급함을 버리고 조금은 더 여유롭게 대할 수 없을까 생각해본다.

세상에는 나보다 앞선 사람이 수두룩하다. 한편으로는 언제나 모든 면에서 앞서는 사람이 실재하는지 의문이 들기도 한다. 어쩌면 존재하지 않는 대상을 마음속에 놓고 그에 미치지 못한다고 좌절하고 안타까워하는 건 아닐까.

사마천司馬遷은 진秦나라의 법에 대해 "불을 그대로 둔 채 끓는 물만 식히려는 것처럼 조급하게 했다(구화양비救火揚沸)"고 평가했다. 위에서 아무리 찬물을 쏟아부어도 불을 조절하지 않으면 아무런 소용이 없다는 뜻이다. 나 역시 조급한 마음만 있을 뿐이지, 정작 진심으로 마음을 써야 하는 곳이 어디에 있는지 몰랐던 것 같다.

나의 속도에 맞춰
천천히 성숙해지기

남보다 뒤처지는 것은 남들과의 비교나 경쟁에서 벗어나서 나를 돌아볼 수 있는 여유를 가진다는 것을 의미한다. 일일이 앞서고자 하는 마음을 버리고 내가 꺼야 하는 불이 무엇인지 찾아야 한다는 것이다. 겉으로 남을 이겼다고 해도 내가 가진 원인을 찾지 못하면 문제를 개선할 수 없다. 부채질 솜씨가 탁월해서 남들의 눈에 띈다고 해도 불을 끄지 않으면 근본적인 해결이 이루어지지 않는다. 타인의 눈에 앞서는 것처럼 보이는 것은 나에게 의미가 없는 허황된 것일 뿐이다.

그림자는 사람이 움직이는 대로 따르는 듯 보이지만 그 위치와 길이는 사람이 아니라 태양이 정한다. 심지어 그림자는 구름이 한 번 지나가면 내 의지와 상관없이 사라져버린다. 내 의지로 그림자를 조종할 수 있다고 느끼는 것은 착각이다. 이렇게 그림자마저도 내가 어찌할 수 없다는 것을 알게 되면, 비로소 모든 것이 마음 내키는 대로만 이루어지지 않는다는 것을 깨닫게 된다. 포기하면 편한 구석이 생기고, 놓는 것이 있으면 얻는 것이 생기는 것처럼, 남보다 뒤처지는 것을 신경 쓰지 않고 내 속도에 맞춰 처신하면 잃는 것보다 얻는 것이 더 많다는 것을 알게 된다.

《주역》에는 "겸손은 높고 빛나며 낮지만 넘을 수가 없으니 군자의 끝마침이다(겸 존이광 비이불가유 군자지종야謙 尊而光 卑而不可踰 君子之終也)"라는 말이 나온다. 아무리 좋은 괘상도 때에 따라 나빠지기도 하고, 아무리 나쁜 괘상도 인간에게 약이 될 때가 있다는 것이《주역》이 설명하는 인생이다. 그러나 겸손을 의미하는 겸괘는 유일하게 낮은 곳이나 높은 곳 어디에서나 모두 길하다고 여겨진다. 조급한 마음으로 남보다 앞서고자 하고 나를 드러내는 데 급급한 것보다 나를 낮추는 것이 어떤 상황에도 나를 지켜주는 삶의 태도라는 것이다.

《시경詩經》에는 "눈이 펄펄 내리지만 햇빛만 보면 녹는데(우설부부 견현왈류雨雪浮浮 見睍曰流)"라는 구절이 나온다. 조급하게 봄을 기다려도 봄이 오면 눈은 저절로 녹는다. 남들과 나는 항상 같은 계절을 겪지 않는다. 다른 사람에게 봄이 왔다고 나한테도 봄이 왔다고 할 수 없고, 그 반대도 마찬가지이다. 그러나 분명한 것은 봄이 찾아오면 눈은 아무리 햇빛을 막아도 녹는다는 사실이다.

맹자는 "오곡의 종자는 아름다운 것이지만, 익지 못하면 돌피나 피만 못하니 인仁 또한 그것을 익혀 성숙하는 것에 달려 있을 뿐이다(오곡자 종지미자야 구위불숙 불여제패 부인역재호숙지이이의五穀者種之美者也 苟爲不熟 不如荑稗 夫仁亦在乎熟之而已矣)"라고 했다.

아름다운 것도 익으려면 성숙의 시간이 필요하다. 조급한 마음을 버리고 남보다 낮은 마음으로 사물을 대하는 것은 뒤처지는 것이 아니다. 오히려 앞서는 것이다. 다른 누구도 아닌, 나와 보조를 맞추는 것이 결국 처신을 잘하는 것이기 때문이다.

✳

사람들과 보조를 맞추며 살아가는 것은
매우 안심이 되는 일이다.

거기서도 뒤처져 배울 수 있다면
충분히 유익한 일이다.

✳

부끄러움은
숨기지 말아야 한다

"그대가 방 안에서 반성하여 보아도,

방 어두운 모퉁이에 대하여도 부끄러움 없기 바라네."

상재이실 상불괴우옥루相在爾室, 尙不愧于屋漏

_《시경詩經》〈대야 · 억大雅 · 抑〉

누구나 마음속에 빛과 어둠이 공존한다. 빛은 떳떳하고 긍정적인 부분이다. 반대로 어둠은 타인에게 숨기고 싶은 잘못 따위가 쌓여 있는 비밀스러운 공간이다. 역설적이게도 남에게 보이고 싶지 않은 어두운 구석은 타인에게는 몰라도 나에게는 언제나 빛보다 더 큰 힘을 발휘한다. 부정적인 면은 언제나 긍정적인 면보다 크고 깊게 느껴지기 때문이다. 그래서 방의 어두운 모퉁이는 모르는 척하고 넘어갈 수 있는 공간이 아니라, 들여다보고 반성해야 하는 곳이다. 완전무결한 삶은 불가능하다. 따라서 최소한 자기 자신에게 만큼은 숨기지 말아야 한다. 그 누구도 알지 못하는 나의 잘못, 어두운 모퉁이를 마주하고 성찰하려는 노력을 하지 않으면 그에 대한 마음을 떨치기가 더욱 어렵다.

누구에게나
부끄러운 일은 있다

　　사마광司馬光은 "나는 남보다 뛰어난 점이 없다. 다만 내가 평생토록 한 일 중에는 말 못할 것이 없을 뿐이다(오무과인자 단평생소위 미상유불가대인언자이吾無過人者 但平生所謂 未嘗有不可對人言者耳)"라고 했다. 남에게 말하지 못할 일이 없을 정도로 떳떳하게 산 사람은 경외심을 불러일으킨다. 떳떳한 삶은 말할 수 없이 고귀하고 숭고해 보인다. 그러나 아무도 없는 곳, 오직 나만 나를 볼 수 있는 곳에서 한 점 부끄러움이 없다고 확신할 수 있을까.

　　과거를 돌이켜보면 부끄럽고 한심한 게 한두 가지가 아니다. 나태한 마음뿐만 아니라, 나쁜 마음이나 이기적인 생각을 마음속 어두운 방 모퉁이에 차곡차곡 쌓고 있었다. 아직도 반성할 게 너무 많다.

　　가장 어두운 모퉁이는 다른 누군가에게 내보이고 싶지 않은 내면의 부정적인 모습의 다른 이름이다. 부끄러움은 시선을 밖이 아닌 안으로 돌렸을 때 비로소 생기는 감정이다. 그래서 나의 내면을 들여다보고 나에 대해 알고자 하면 어김없이 수치스럽고 괴로운 생각이 드는 것이다. 그럼에도 모르는 척, 보이지 않는 척 회피하며 살아가는 게 더 유용한 삶의 태도가 아닐까 생각했던 적도 있다. 반성하기도 전에 겪게 되는 불편한 마음을 감당하기 힘들었기 때문이다.

나의 부족함을 알고
배우려는 태도가 중요하다

사람마다 철이 들고, 세상 물정을 깨닫는 시기가 다르다고 하는데, 나는 그 시기가 무척 늦은 편이었다. 주변 사람들이 삶의 의미를 고민할 때 왜 그러는지 이해하지 못했다. 생각 없이 지냈던 과거를 되돌아보고 모든 것이 눈에 보이기 시작할 때에야 비로소 통렬하게 나의 인생은 어떤지 고민하기 시작했다.

공자는 "태어나면서부터 아는 사람은 상급이고, 배워서 아는 사람은 그 다음 등급이며, 곤란을 겪고 나서 배우는 사람은 또 그 다음이며, 곤란을 겪고 나서도 배우지 않는 사람은 백성들이 (바로) 그러하니 이들은 하급이다(생이지지자상야 학이지지자차야 곤이학지 우기차야 곤이불학 민사위하의生而知之者上也 學而知之者次也 困而學之 又其次也 困而不學 民斯為下矣)"라고 말했다.

나는 경험해야 비로소 어렴풋이 깨닫게 되는 사람이었다. 또는 바로 옆에 있는 사람들의 모습을 통해서도 배울 수 없는 사람이었다. 나에 대한 깊은 관심이 결여된 사람이 다른 사람의 삶에서 깨달음을 얻는다는 것은 더더욱 불가능한 일이다. 그래서 내가 바라는 것은 태어나면서부터 아는 사람도, 배워야 아는 사람도 아니다. 곤란을 겪어도 배우지 못하는 하급의 인간에서 벗어나는 것이다. 이제라도 어두운 방 모퉁이에서 수치심을 참으며 배워야 하는 것이다.

유안은 "어둡고 어두운 안에서 홀로 보고 깨닫는 것이며 적막한 가운데서 홀로 비추는 것이 있는 것이다(명명지중 독견효언 적막지중 독유조언冥冥之中 獨見曉焉 寂漠之中 獨有照焉)"라고 했다. 밝은 곳에서는 미처 나를 돌아볼 여유가 생기지 않는다. 눈앞에 펼쳐진 많은 것이 시야를 가로막기 때문이다. 어둡고 적막한 상태는 견디기 어려운 시련과 고통이다. 그러나 그런 상태에 놓이면 비로소 나의 마음을 바라볼 수 있고, 나 자신과의 대화가 가능해진다. 적막한 가운데 홀로 비추는 것은 다름 아닌 나 자신인 것이다. 비록 그 안에서 나의 부족함이 더 적나라하게 드러날지언정 나를 마주하는 것을 포기해서는 안 된다. 홀로 깨닫는 과정이 없으면 성장도 불가능하다.

《중용》에는 "숨어 있는 것보다 더 잘 드러나는 것은 없으며, 세밀한 것보다 더 잘 나타나는 것은 없다. 그러므로 군자는 홀로 있음을 삼가는 것이라(막견호은 막현호미 고군자신기독야莫見乎隱 莫顯乎微 故君子慎其獨也)"라는 말이 나온다. 자신에 대해서 누구보다 잘 아는 사람은 다름 아닌 자기 자신이다. 따라서 은밀하고 세밀한 것에서부터 나쁜 것이 자라나는 것은 자기 자신이 제일 먼저 안다. 나는 홀로 있을 때도 떳떳한 마음을 가지고 살아갈 정도로 고결하고 부지런한 사람이 될 수 없을 거라고 생각한다. 그럼에도 지난날을 반성할 줄 알고 이를 앞으로 나아가는 원동력으로 삼는다면 부끄러운 마음에서 조금이나마 벗어날 수 있지 않을까?

내 마음의 어두운 모퉁이는 말할 것도 없고 밝은 곳에도 여전히 창피한 구석이 많다. 수치심이 나를 가로막지 못하도록 보이는 것부터 마음을 정리하는 노력을 하고 싶다. 그렇게 부끄러움이 더 이상 부끄러움으로만 남지 않고 배움을 얻기 위한 경험이었다고 생각되는 날이 왔으면 좋겠다.

✳

다른 사람에게 밝히지 못한 어둠이라도
나에게만큼은 숨기지 않아야 한다.

감추면 감출수록 어둠의 모퉁이에서
벗어나는 건 더욱 어려워진다.

✳

20일차

비움과 채움은
같이 가는 것이다

"서른 개의 바큇살이 하나의 바퀴통을 이룬다. 그 없는 것을 맞아 수레로 쓰임이 있다."

삼십복공일곡 당기무 유거지용三十輻共一轂 當其無 有車之用

_《노자》〈제11장第11章〉

채우는 것만큼이나 비우는 것도 중요하다. 옛 중국의 서화가들은 아름다운 그림이란 허와 실이 적절하게 조화를 이룬 것이라고 했다. 성글기만 하면 깊이가 없고, 빽빽하게 채우기만 하면 운치가 없다. 삶도 비움과 채움이 적절하게 균형을 이루어야 아름답다. 비어 있는 바퀴통이 없으면 서른 개의 바큇살이 바퀴의 형태를 갖출 수가 없듯, 있는 것과 있지 않은 것이 함께해야 유용한 것이 만들어지는 이치와 같다.

유행이 되어버린
비움의 철학

언제부턴가 채우는 것만큼 비우는 것도 강조되고 있는 것 같다. 채우는 것보다 비우는 미덕을 배워야 한다는 것이다. 그렇다면 채움은 그른 것이고, 비움은 옳은 걸까.

나는 때때로 비움에 지나치게 집착했다. 돌이켜보면 원하는 것을 가질 수 없는 상황에서 문화적인 우월감이라도 챙기고 싶은 마음이었던 것 같다. 그렇게 스스로를 쉽게 가질 수 있는 사람보다 더욱 사려 깊고 도덕적인 사람이라고 여기고 싶었다. 내가 물건을 낭비하지 않고 검소한 사람이라고 여겨야 그나마 안심이 되고 비참해지지 않는다고 생각했다. 그러나 만약 반대의 경우였다면 분명 비움에 대해 그리 마음 쓰지 않았을 것이다. 유안은 "청렴해 가난한 자가 있기도 하지만, 가난하다고 반드시 청렴하지는 않다(유렴이빈자 빈자미필렴有廉而貧者 貧者未必廉)"고 했다. 나는 청렴한 게 아니라, 부유하게 살 수 없기 때문에 비움이 가능했던 것뿐이었다. 성품과 행실이 맑고 탐욕을 멀리하고자 하는 의지가 있던 것은 아니었다.

비움에만 집착하는 것은 옳은 일이 아니다. 바퀴를 만들려면 비어 있는 바퀴통만 가지고는 불가능하다. 반드시 서른 개의 바큇살이 바퀴통과 함께해야 한다. 노자가 채우는 것보다 비우는 것을 강조한 것은 틀림없다. 모두 가지려고만 하기 때문에 반드시 없는 것도 있어야 한다는 것을 알려주어야 한다고 생각했을 것이다. 그러나 채우는 것이 지나치기 때문에 비움을 강조한 것이지, 채움 자체를 부정한 것은 아니다. 있는 것을 없는 것으로 씀으로써 유용한 것처럼 없는 것도 없기만 한 것이 아니라 있음으로 쓰여지는 것이기 때문이다.

채움과 비움도
과하지 않게

비움은 욕망하는 것이 아니라, 원하지 않는 것이고 포기하는 것이다. 그러나 비우기 위해서 일부러 노력을 기울이고 과시하고자 한다면 이는 욕망이자 더 큰 욕심이다. 채우는 것에도 적당한 선이 필요하듯 비움도 적당한 선에 머물러야 한다. 채움에는 한계가 없지만 비움 역시 한계가 없다면 모두 극단으로 치우친다는 점에서는 하나도 다를 바가 없다. 바큇살과 바퀴통이 함께 있어야 수레로 쓸모 있는 것처럼 비움과 채움이 적절한 조화를 이루는 것이 지혜로운 삶이다. 비움도 지나치면 하나의 욕망이 되고, 마음을 비움으로 다시 채우는 것이기 때문이다. 돌이켜 보면 나는 진심으로 '비움의 철학'을 실천한 게 아니었다. 지푸라기라도 잡는 심정으로 비움을 욕망했던 것 같다.

비움은 문화적으로 우월한 것이 아니라, 지나치게 채웠던 것에 대한 반성일 뿐이다. 비움에 적극적으로 열을 올리기보다는 더 많이 채우지 않는 데 신경을 쓰는 게 나을지도 모른다.

　　멋지게 비운 공간의 모습은 방송이나 책에서 넘쳐난다. 그런데 그렇게 비우기 위해서 또 얼마나 소비했는지에 대해서는 아무도 관심을 두지 않는 것 같다. 검소한 살림을 하는 집은 비움을 추구하는 집보다 깔끔해 보이지는 않는다. 비움은 꾸며야 하는 것이지만 검소함은 있는 그대로에 최대한 만족하는 것이기 때문이다. 지나친 깨끗함은 비움을 실천한 것이 아니라 비움을 위해 많은 것을 소비한 것에 지나지 않는다.

　　비움이 쓰임이 되려면 비움을 다시 소비해야 할 필요가 없어야 한다. 비움은 지나친 채움에서 멀어지기만 하면 저절로 얻어지기 때문이다. 채우려고 하는 마음이 줄어들면 그만큼 빈 공간이 생기는 것이지, 가진 것을 일부러 걷어내는 것이 비움의 본래 목적은 아니다. 자연自然의 뜻은 스스로 그러하다는 것이다. 자연을 보호한다는 명목 아래 갖고 있던 것을 버리고 새 것을 사서 소비하는 것은 비움을 위한 채움이다. 또한 비움을 위해 일부러 있는 것을 버리면서까지 불편함을 감수할 필요는 없다. 가지고 있는 것을 충실히 사용하는 것, 때로는 없는 것도 받아들일 수 있는 마음이 더욱 중요하다는 생각이 든다.

　　《채근담》에는 "기울어진 그릇은 가득 차면 엎질러지고, 저금통은 비어 있어야 온전할 수 있다(기기이만복 박만이공전攲器以滿覆 撲滿以空全)"는 말이 있다. 없는 것이 있어야 있는 것이 이로움이 된다는 뜻이다. 비움이 의미가 있으려면 그것을 지탱해주는 무엇인가가 꼭 함께 있어야 한다. 그래야 이로운 역할을 수행해낼 수 있다. 없는 것이 있어야 있는 것이 이로움이 되는 것처럼, 있는 것이 있어야 없는 것이 유익함이 된다. 조화라는 것은 일부러 추구하면 더 큰 부조화를 낳는다. 지금 있는 것과 없는 것을 받아들일 수 있는 여유와 용기가 바로 조화이다.

적절함 안에서 자족할 수 있는 것은 언제나 어려운 일이다. 그러나 지나치게 비움을 추구하다 보면 채움과 비움 사이에서 끊임없이 방황하게 될 것이다. 지금 내가 가지고 있는 것에 만족하고 아끼면서 사는 게 나의 바퀴가 온전하게 굴러가게 할 수 있는 방법이 아닐까.

＊

때로는 채우고자 하는 욕망에서 벗어나
부족함을 견뎌야 한다.

또한 비우는 것이 우월하고 고귀하다고 여기는
허영심 역시 경계해야 한다.

＊

21일차

검증된 길보다
내가 개척한 길이 낫다

"가기 좋은 길이 도리어 나쁜 길이다."

우직지계迂直之計

_《손자병법孫子兵法》〈군쟁軍爭〉

아군이 좋다고 생각하는 길은 적군도 좋다고 여기기 마련이다. 그래서 오히려 예상치 못했던 우회로를 선택해야 적을 쉽게 무너뜨릴 수 있다. 많은 사람이 알고 있는 길도 마찬가지다. 이미 많은 사람이 지나간 길이라고 해서 꼭 좋은 길은 아니다. 효과 면에서 검증된 길이라 하더라도 새로운 것을 찾거나 독자적인 생각을 하기는 어려운 길일 수 있다.

남들과 다른 길에
들어섰을 때

＼

인생의 길을 생각해보면 여전히 막막하다. 나이가 들어도 어디로 어떻게 가야 하는지 잘 모른다. 지금 어떤 길로 가고 있는지, 앞으로 어떻게 해야 하는지 아직도 불투명하기 때문이다. 분명한 것은 내가 남들이 모두 좋다고 여기는 큰길에는 진입하지 못했다는 사실이다.

어렸을 때는 큰길이 무엇인지 고민해본 적도 없는 것 같다. 어떤 길을 가야 하고 그러기 위해서 무슨 노력을 해야 하는지 진지하게 숙고해보지 않았던 것 같다. 나중에야 큰길로 들어가지 못했다는 것을 깨닫고 비로소 고민하기 시작했다. 그 결과, 이제는 보기 좋은 큰길이 아니더라도 나의 길을 찾아야 한다고 마음먹었다. 정처 없이 헤매기보다는 좋지 않은 길이라도 삶의 방향이 있어야 하는 나이가 되었다는 생각이 들었기 때문이다.

순자는 "큰길은 혼란스럽고 작은 길은 위태롭다(거도즉양 소도즉태巨涂則讓 小涂則殆)"고 했다. 크고 잘 다듬어진 길에는 많은 사람이 모여든다. 많은 사람이 지나간 길은 그러지 않은 길보다 안전하다. 그러나 생각 없이 그 길로 들어섰다가는 다른 사람들에게 쉽게 휩쓸리게 된다. 반면에 작은 길은 사람들이 잘 찾지 않는다. 그래서 방해받지 않고 내가 원하는 것이 무엇인지 물을 수 있다. 하지만 사람들이 다니지 않은 길은 정비되어 있지 않아서 사고가 나기 쉽다.

사람들이 찾지 않는 외지고 작은 길을 가려고 하면 걱정부터 앞선다. 나도 처음 가는 길이 낯설고 두렵기도 하다. 사람들이 붐비는 곳은 경험치가 있어서 어려움에 대비하기도 수월하다. 반대로 그러지 않은 곳에서는 실패를 피하기보다는 실패를 쌓아야 한다. 그래서 어떤 실패를 하게 되든 단단한 마음이 필요하다는 생각이 든다. 어려운 일이 생겨도 쉽게 좌절하지 않는 태도와 끈기를 가져야 하는 것이다.

절실한 마음이 없으면 나의 길을 갈 수 없다. 간절함이 없으면 중간에서 맞닥뜨리는 어려움에 쉽게 굴복한다. 때로는 다른 사람들의 응원은커녕 비아냥과 무시도 견뎌내야 할 것이다. 그래서 내가 왜 이걸 해야 하는지 스스로에게 묻고 또 물으면서 혼자 힘으로 앞으로 나아가야 한다. 어차피 어느 누구의 응원도 받지 못할 일이라면 스스로 응원할 수 있는 일을 찾는 것이 급선무이다. 나를 납득시킬 수 있는 이유를 찾아내지 못하면 그렇지 않아도 좁고 작은 길은 더욱 거칠고 위험하게 느껴질 것이다.

나의 길을 가는 데
남들과 비교할 시간이 없다

돌투성이든, 앞이 꽉 막힌 길이든, 천천히 길을 내다 보면 생각지 못했던 풍광과 마주하게 될지도 모른다. 그리고 그 길이 다른 사람들의 눈에는 그다지 좋은 길로 보이지 않을지라도 내가 닦은 나만의 길이라는 사실 하나만으로도 충분히 뿌듯할 것이다. 남들이 만든 넓고 멋진 길을 걷는 것과 내가 직접 만든 좁디좁은 길 가운데 어느 길이 나의 마음을 가득 채울 수 있을까. 남들이 만든 멋진 길은 그냥 남들의 길일뿐이다. 하지만 내가 만들어가는 길에는 특별한 볼거리가 없더라도 다른 길에서는 볼 수 없는 나만의 시간과 노력이 깃들어 있다. 땅을 파다가 상처를 입었던 곳, 돌을 줍거나 풀을 베었던 경험들이 쌓여 나의 길이 되고 나의 역사가 된다.

　　가기 좋은 길이 도리어 좋지 않은 길이라는 전략은 사람들이 좋다고 생각하는 길을 가지 못했거나 중간에 이탈한 사람들에게는 조금이나마 용기를 주는 말이다. 이미 많은 사람이 노력해서 진입한 길에 대해 왈가왈부할 필요는 없다. 그리고 그 길에 들어서지 못했다고 해서 다른 가능성이 없는 것도 아니다. 잘못된 길로 가고 있다고 느낄 때도 실망하는 데 그치지 않고 그 안에서 더 나은 길이 될 수 있는 방법을 모색하면 된다. 희망은 밖에서 구하는 것이 아니라 내 안에서 찾아야 하기 때문이다.

　　자공子貢이 (자신보다 나은) 다른 사람과 비교를 하자, 공자는 말한다. "사(자공)는 현명하구나. 나는 그럴 틈이 없다(사야현호재 부아즉불가賜也賢乎哉, 夫我則不暇)." 공자는 자기가 배울 것만 생각해도 부족한데 어떻게 다른 사람과 비교할 수 있냐고 말하고 있다. 가장 중요한 것은 내 삶의 방향이 무엇인지 스스로 고민하는 것이다. 고민함으로써 실천할 수 있는 길을 찾아야 한다. 이유가 어찌 되었든 사람들과 다른 방향으로 살게 되더라도 용기를 잃지 말아야 한다. 사람들이 잘 찾지 않는 외진 길이라도 전략적으로 더 우수할 수 있다는 《손자병법》의 조언처럼 삶의 포부를 찾아야 하는 것이다.

비록 나의 길이 다른 사람들의 길보다 고르지 않아도 절실한 마음이 있다면 앞으로 나아갈 수 있다. 그리고 그 길이 지금 당장 어떤 모습이든 나에게 있어 '바른 길正道'이 될 수 있도록 끊임없이 노력하면 된다.

＊

이미 벗어나버린 길을 아쉬워하기보다는
새로운 길에서 더 좋은 것을 찾기 위해 노력해야 한다.

길을 개척하는 것은
오직 나에게 달린 일이기 때문이다.

＊

그 무엇보다
나 자신을 사랑하라

"군자는 자기에게 달려 있는 것을 삼가고 하늘에 달려 있는 것을 그리워하지 않는다.

소인은 자기에게 있는 것을 놓아두고 하늘에 달려 있는 것을 그리워한다."

군자경기재기자 이불모기재천자 소인조기재기자 이모기재천자

君子敬其在己者 而不慕其在天者 小人錯其在己者 而慕其在天者

_《순자荀子》〈천론天論〉

.

하늘의 별을 바라보고 꿈을 꾸는 것, 지금 딛고 있는 곳이 아름답고 만족스럽지 않을지라도 저 멀리 있는 별을 올려다보는 것만으로도 큰 위로를 받을 수 있다. 하지만 잠깐의 위안일 뿐이다. 아무리 아름다운 것이라고 하더라도 내 손안에 있을 때 비로소 의미가 있다고 한다면, 먼 곳을 보며 동경하는 것보다 가까이 있는 것에서 의미를 찾는 게 더 소중하다. 그래서 지금 여기 있는 내 삶을 가꾸고 지키는 것이 그 무엇보다 중요하다.

내 삶에
만족하지 않는다면

내가 가진 것은 넘쳐흐르기도 하고 메말라서 맨땅을 드러내기도 한다. 누군가에게는 부러운 삶일 수도 있고, 또 다른 누군가에게는 하찮고 부족해 보일 수 있다. 어떤 사람과 비교하면 괜찮은 삶을 사는 것 같다가도 또 어떤 사람과 비교하면 한없이 작아지는 것 같다. 그런데 다른 사람과 나를 비교하는 게 과연 살아가는 데 도움이 되는 일일까. 다른 사람이 아무리 내 삶에 대해 하찮고 부족하다고 말해도 내가 이미 가진 것을 염두에 두면서 자족하는 삶을 살 수는 없을까.

내가 할 수 없는 것, 가질 수 없는 것보다 가진 것에 만족하려고 하면 사람들은 패배주의적인 태도라고 손가락질한다. 부족한 것을 찾고 채우려고 하는 게 올바른 삶의 자세라는 것이다. 없는 것을 가지는 게 삶의 원동력이 되고 이를 지속하는 것이 바로 성장이라고 여긴다. 하지만 나는 그게 삶의 전부가 되어서는 안 된다고 생각한다. 스스로 만족할 것을 찾아가는 노력이 어리석다면 나는 언제까지나 불만족스러운 삶을 살아야 하는 것일까.

만족은 내 곁에 있는 것에 대한 관심에서 시작된다. 불만족은 내가 가진 것보다 더 많은 것을 가지고자 하는 마음에서 시작된다. 만족과 불만족의 객관적인 기준은 없다. 작은 것이라도 내가 가진 것에 관심을 기울이고 감사하는 마음을 가질 수도 있고, 이미 많은 것을 가졌다고 하더라도 항상 부족하다고 생각할 수도 있다. 그러나 세상에 모든 것을 다 가질 수 있는 사람이 없다는 것은 분명하다. 그래서 순자는 자기 옆에 있는 것은 제쳐놓고 가질 수 없는 것에만 마음을 쓰는 것보다 이미 가지고 있는 것에 감사하고 만족하는 것이 군자의 태도라고 했다. 행복은 남이 아니라 나에게서 찾아야 한다는 것이다.

소셜미디어에 흘러넘치는 타인의 삶에 부러움을 표시하지 않는 나를 불편하게 느끼는 사람들도 있다. 하지만 나는 남과 나의 삶을 전면적으로 비교할 수 없다고 생각한다. 내가 가지지 못한 것을 가진 사람에게 응원과 칭찬을 보낼 수는 있지만 가지지 못해 안달하고 싶지는 않다. 다른 사람들이 이뤄낸 모든 것을 나도 해내야 한다고 생각하지 않기 때문이다. 누군가 나의 삶과 비교해서 우월감을 얻고자 한다면 내 힘으로 어찌 할 수 없는 일이다. 그러나 누구도 내 부러움을 사기는 힘들 것이다.

멀리서 반짝이는 별보다
내가 서 있는 곳을 바라보기

＼

할 수 없는 게 지나치게 많아져서 마음이 힘들 때도 있다. 하지만 가지고 싶은 게 있을 때 오히려 내 발밑에서 찾을 수 있는 것이 무엇인지 생각하는 태도가 보다 유익하다. 가질 수 없는 상황 속에서도 배움은 얻을 수 있기 때문이다.

《명심보감明心寶鑑》에는 "배부르고 따뜻하면 나쁜 마음이 생기고, 배고프고 추워야 올바른 생각이 싹튼다(포난 사음욕 기한 발도심飽煖 思淫慾 飢寒 發道心)"는 말이 있다. 지금 당장 힘든 사람에게 위로가 되는 말은 아니지만, 지나고 보면 사실이다. 어려울수록 정신이 맑아지고 내가 해야 할 것과 지켜야 할 것이 명확해진다. 지금 눈앞에 닥친 어려움도 내 것으로 받아들이면 뭔가 얻을 수 있는 것을 찾게 된다. 남이 가진 것보다 오히려 내가 가지지 않은 것에 대해 고민했을 때 내 마음이 충족되는 것이다.

아무리 바쁘고 생활에 지쳐도 최소한 5분은 나를 위해 무언가를 할 수 있다. 이 5분 동안 남이 어떤 삶을 살고 있는지와 상관없이 내가 오늘 무엇을 해야 하는지 고민해보기 시작해야 한다. 이것이 바로 제대로 된 삶을 사는 방법이다. 내가 통제할 수 있는 것에 집중하다 보면, 그것이 축적되어서 나의 삶을 이룬다. 남들에게 인정받고자 하는 욕구에서 완전히 벗어날 수는 없겠지만, 이런 욕구를 조금씩 멀리하는 용기를 내면 좀더 성숙해질 수 있다.

《회남자》에는 "성인은 그가 가진 것만을 지키고 얻지 못할 것을 구하지 않는다. 그 없는 것을 구하게 되면 있는 것도 없어지게 된다(성인수기소이유 불구기소미득 구기소미득 즉소유자망의聖人守其所以有 不求其所未得 求其所未得 則所有者亡矣)"는 말이 있다. 세상에 부러운 것을 생각하면 끝도 없다. 반대로 내 삶의 장점을 찾아보면 그 역시 끝이 없을 것이다. 남이 가진 것을 부러워하다가 오히려 내가 이미 가지고 있는 것을 놓칠 수 있다. 그래서 순자는 내 옆에 있는 것에 관심을 기울이고 할 수 있는 일을 열심히 하는 것에서 삶을 발전시킬 수 있다고 말한 것이다.

얻고자 하는 것을 단번에 얻을 수 있는 사람은 별로 없다. 다른 사람의 삶에 관심을 끊고 자기 삶에 마음을 쓰는 것, 아무리 보잘것없이 작은 일이라도 아끼고 감사하는 데에서 변화가 시작된다.

하늘에 떠 있는 아름다운 별을 가지고 싶어 고개를 치켜세우고 사는 것보다 나를 보고 내 주위를 보면서 일상에서 의미를 찾는 것이 낫다. 내가 가진 것을 더욱 가꾸고 사랑하는 것, 가까운 주위를 둘러보는 것, 멀리 있는 사람이 아니라 지금 함께할 수 있는 사람에게 무한히 감사할 수 있는 마음이 아름답게 빛나지만 결코 닿을 수 없는 것보다 더욱 값지다.

＊

반짝이는 별을 동경하느니
내가 서 있는 진창을 사랑하고 싶다.

지금 당장 할 수 있는 사소한 일에 진심을 다하는 것이
아무것도 하지 않는 것보다 소중한 일이기 때문이다.

＊

3
장

나로부터
시작되는 인간관계

말이 주는 상처는
깊고 오래 간다

"주머니를 여미듯이 하면 허물도 없으며 칭찬도 없을 것이다."

괄낭 무구 무예括囊 無咎 無譽

_《주역周易》〈곤괘坤卦〉

말이라는 것은 간결하게 하면 본뜻을 오해받고, 자세하게 하면 장황해진다고 한다. 더욱이 말은 많이 하면 할수록 나의 생각과 멀어진다. 심한 경우, 더 이상 통제할 수 없는 지경에 이르기도 한다. 그래서 말은 하는 것보다 하지 않는 게 좋다.《주역》에서는 입을 열기보다는 닫으라고 한다. 말을 하지 않으면 칭찬받을 일은 없지만 허물 역시 없을 것이기 때문이다.

솔직함도
때로는 상처를 준다

\

솔직한 게 좋다는 핑계를 대며 마음속에 있는 것을 쉽게 입 밖에 내는 사람은 자신의 행동거지를 전혀 부끄러워하지 않는다. 솔직한 게 선의라고 여기기 때문일까? 하지만 어떤 의도였는지와 상관없이 듣는 사람이 상처받을 만한 이야기는 언제나 하는 것보다 하지 않는 게 낫다. 자신이 한 이야기가 진실이고, 선한 동기에서 한 것이라 해도 분별없고 어리석은 말이 되기 때문이다. 말로 주고받은 상처는 쉽게 잊히지도, 아물지도 않기 때문에 무엇보다 그 누구도 다치지 않게 하는 게 우선이다.

《장자》에는 "무기에 몸이 상처를 입는 일은 뜻이 상처를 입는 것에 비하면 슬픔이 훨씬 적다(병막참어지兵莫憯於志)"는 말이 있다. 총칼로 입은 상처보다 말로 입은 상처의 고통이 더 크고 오래간다는 의미다. 상황이 많이 달라졌다고 하더라도 나를 괴롭고 힘들게 했던 말들은 여전히 지울 수 없는 상처로 남아 있다. 어쩌면 그 말을 들었을 때보다 지금 더 큰 괴로움을 느낄지도 모른다. 바람처럼 스쳐간 것이라고 안위하지만 여전히 그 기억은 뇌리에 또렷이 남아 있는 것이다.

동의할 수밖에 없는 것이라고 해도 누군가 나의 단점을 말로 꺼내면 마음이 쓰리고 아프다. 뭐가 부족한지 뭘 잘못하고 있는지 누구보다 자기 자신이 가장 잘 안다. 그래서 그 사실을 말해주지 않는 것만으로도 나는 충분히 위안을 얻는다. 하지만 대개 예상되는 지적이나 비난이 사려 깊은 침묵을 이긴다. 어떻게든 지적하고 비난하고자 하는 사람들은 그 말을 입 밖에 내지 않고는 견딜 수 없어 한다.

그 어떤 지적이나 비난도 받지 않고 살 수 있는 사람이 세상에 얼마나 될까. 사실 누군가가 나를 한심하게 생각하든, 가망 없는 인간으로 생각하든 내가 내 삶을 꾸려나가는 데 그렇게 중요한 일은 아니다. 다른 사람의 생각이 나의 생각과 늘 같을 수는 없다. 다만 그 생각을 입 밖으로 꺼냈을 때는 상황이 달라진다. 에둘러서라도 꺼내 보이는 순간, 내가 느끼는 상처는 말하는 사람이 상상조차할 수 없이 크게 느껴진다.

타인의 감정을 헤아려
말을 아끼는 게 좋다

나의 행동에 대해 답답하게 생각하는 사람들이 있었다. 나 역시 그것이 고쳐야 할 단점이라는 것을 알면서도 빨리 고치기 힘들었다. 누군가에게는 빠릿빠릿하고 신속하게 행동하는 것이 그리 어려운 일이 아닐 수 있어도 당사자에게는 정말 쉽지 않은 문제일 수 있다. 그러한 생각 가운데 한 가지 분명히 깨달은 것은 다른 사람들의 말은 크게 도움이 되지 않았다는 것이다. 누가 옆에서 더욱 효과적인 방안을 제시하더라도 내가 어찌할 수 없는 문제라면 그 문제는 잘 시정되지 않는다. 오히려 나에게 큰 상처를 주거나 쉽게 절망하게 만들 뿐이다.

　돌이켜보면 내가 남에게 상처를 받는 것 이상으로 나 역시 말로써 상처를 주었을 때가 있다. 아주 오랫동안 스스로를 솔직하고 거리낌 없는 사람이라고 생각했기 때문이다. 생각한 바를 바로 입 밖에 내는 것이 미덕이라고 여겼고, 기탄없이 모든 것을 다 말하는 게 다른 사람과 친밀해지는 방법이라고 생각했다. 그러나 시간이 지나고 아무리 가까운 사이가 되더라도 내가 했던 말들로 생긴 상처까지 지워지지는 않는다는 것을 알게 되었다. 내가 했던 솔직한 말들은 솔직함이라는 가면을 쓴 무례함이었다.

　이 충격적인 진실을 깨달은 후부터 최대한 말을 조심하려고 노력한다. 물론 주머니를 여미듯 막는 경지에는 이르지 못했다. 말을 삼가는 데는 엄청난 내공이 필요하기 때문이다. 이제는 나한테 말로 상처를 준 누군가를 원망하기 전에 내가 타인에게 말로 상처를 입히고 있지는 않은지 다시 한번 생각해보게 된다. 그리고 솔직하게 말하는 것보다 상대방의 마음을 다치지 않게 하는 데 더 마음을 쓰게 된다. 내가 하는 말이 진실이든, 조언이든 다른 사람의 감정을 상하게 하지 않는 것이 우선이기 때문이다.

　노자는 "말을 많이 하면 자주 궁하니 중을 지키는 것만 못하다(다언수궁 불여수중多言數窮 不如守中)"고 했다. 입을 닫는 일은 생각처럼 쉽지 않다. 내가 아는 것, 혹은 내가 진실이라고 생각하는 것은 언제나 입 밖에 내고 싶다. 알고 있다는 것을 과시하고 싶고, 마음에 담아두는 것이 솔직하지 않은 것이라고 외치고 싶다.

이제는 그런 핑계로 다른 이에게 상처 주는 말을 해서는 안 된다는 것을 안다. 누군가 나에게 해줬던 말이 진실이 아닐 때는 억울함과 분노를 가져오고, 진실일 때는 더욱 큰 아픔을 주었다는 것을 경험을 통해서 알았기 때문이다.

말을 하지 않는 것은 큰 영예가 없다고 한다. 말이 없기에 어떤 특별한 유익함을 주지 않는다. 그럼에도 유익함보다 중요한 것은 나의 말이 최소한 남을 해치는 무기가 되어서는 안 된다는 점이다.

＊

타인에 대한 이야기는
언제나 하는 것보다 하지 않는 것이 더 낫다.

말로써 준 상처는 심장 깊이 아로새겨져서
어떤 약으로도 치유할 수 없다.

＊

비난이나 칭찬에
휘둘리지 말라

"예상하지 못했는데 칭찬받는 경우가 있고,

온전하기를 추구했는데도 비난받는 경우가 있다."

유불우지예 유구전지훼有 不虞之譽 有求全之毀

_《맹자》〈이루 상離婁 上〉

사람들은 오랫동안 비가 오지 않다가 내리면 단비라고 추켜세우다가 이틀 이상 지속되면 이제 그만 멈췄으면 좋겠다고 말한다. 사람에 대해서도 이처럼 변덕스럽게 평가한다. 그래서 한 사람을 둘러싼 주위의 반응은 종종 예상을 빗나간다. 별로 노력하지 않았는데 좋은 평가를 받는 경우가 있고, 열심히 노력했는데도 오히려 비난을 받는 경우가 있다.

나에 대한 평가는

상황에 따라 바뀔 수 있다

애석하게도 처음부터 칭찬이나 격려를 받는 경우는 흔치 않다. 결과가 드러나야 과정에 미심쩍은 부분이 있어도 칭찬을 받을 수 있다. 반면에 결과가 불분명하면 온전하기를 추구했더라도 무시와 비난을 받을 수 있다. 심지어 결과에 대해서도 다른 생각과 평가가 나올 수 있다. 나를 좋아하는 사람은 내가 잘하지 못한 것에 대해서도 좋은 평가를 내리지만, 나를 좋아하지 않는 사람은 내가 좋은 모습을 보여주려고 아무리 애써도 인정하지 않는다.

미자하彌子瑕는 위衛나라 군주의 총애를 받는 소년이었다. 어머니의 병환 소식을 들은 미자하는 수레를 타면 뒤꿈치를 자르는 월형刖刑에 처해질 것을 무릅쓴 채 군주의 명령이라고 속인 뒤 수레를 타고 집에 다녀왔다. 군주는 미자하가 형벌을 감수하고 어머니를 찾았다며 어질다고 평가했다.

어느 날 미자하가 과수원에서 자기가 먹던 복숭아를 군주에게 바쳤다. 이에 군주는 자신의 입맛까지 참아가며 복숭아를 나누는 마음이 지극하다고 칭찬했다. 그러나 세월이 지나 미자하의 미모가 예전 같지 않고 꾸중도 자주 듣자 군주는 앞서 있던 일들의 죄까지 물어 그를 쫓아냈다. 미자하는 달라지지 않았지만 미자하를 대하는 군주의 마음이 달라진 것이다. 이처럼 나는 변한 게 없어도 상대방의 마음이 바뀌면 칭찬이 비난으로, 비난이 칭찬으로 변할 수 있다.

사람들은 타인을
진지하게 평가하지 않는다

＼

내가 다른 사람의 마음을 헤아리는 데 얼마나 무심한지 생각해보면, 그 사람이 나에게 진지한 관심을 주지 않는 것도 어찌 보면 자연스러운 일이다. 내가 하는 일의 의미와 가치를 이해해주는 사람이 많지 않은 것처럼 나 역시 다른 사람의 겉모습을 보고 쉽게 평가한다. 다른 사람의 진면목을 봐야 한다고 생각하지도, 그렇게 중요한 일이라는 생각도 들지 않는다. 모두 그렇게 시급한 일이 아니라고 생각하기 때문이다. 그렇다면 다른 사람들에게 내가 비슷한 대접을 받는다고 해서 억울하거나 안타깝게 생각할 필요는 없다. 모두 자기 입장에서만 생각하고 판단할 뿐이니 일희일비하는 건 내 삶에 그렇게 유익한 일은 아니다.

만일 어떤 편견 없는 사람이 나에 대해 공정한 평가를 한다고해도 그 역시 불완전할 수밖에 없다. 나를 피상적으로 알 수밖에 없기 때문이다. 아무리 가까운 사람이라도 내가 지금 어떤 마음가짐으로 살아가는지 깊게 알 수는 없다. 같은 행동을 해도 마음이 달라질 수 있고, 다른 행동을 해도 마음은 변함없이 똑같을 수 있다. 게다가 나라고 해서 나 자신을 완벽하게 이해하고 있는 것도 아니다. 그러니 제아무리 남이 나란 존재를 부단히 알려고 노력해도 온전히 알 수 있다고 장담할 수는 없는 것이다.

만약 내 속을 낱낱이 보여준다고 한들 상대방이 보지 않거나 받아들이지 않는다면, 그 사람에게 나란 존재를 이해시키는 것을 포기해야 한다. 그런데 만약 누군가가 나를 전부 이해해준다면, 그건 어떤 대단한 의미를 가지는 걸까. 그리고 남이 나를 얼마만큼 이해해주는지가 그렇게 절박한 일이 되어야 하는 걸까. 다른 사람에게 좋은 평가를 받는 게 내 삶에 중요한 부분을 차지하는 것이 옳은 일일까. 남이 나에게 좋은 평가를 내려주면 내가 진짜 좋은 삶을 살고 있다고 확신할 수 있을까. 반대로 비난을 받으면 낙담하고 의기소침하게 살아가야 할까. 여러 생각이 들지만, 중요한 건 타인의 칭찬, 인정만이 내가 앞으로 나아갈 수 있는 동력이 되거나, 반대로 비난이 나를 좌절시키는 힘이 되어서는 안 된다는 점이다. 타인의 불완전한 평가에서 나에 대한 완전함을 구하는 것은 애초부터 잘못된 일이다.

비난과 칭찬에
일희일비하지 않으려면

남들의 비난과 무시가 불쾌한 일인 만큼 칭찬과 격려도 부담스러운 일이다. 나는 내가 불완전한 인간이라는 것을 누구보다 잘 알고 있다. 단지 조금 더 나은 사람이 되고자 노력하는 마음을 가지고 살고 있을 뿐이다. 이런 나의 삶에 대해 누군가 가망이 없다고 비난한다고 해서 하고자 하는 일을 포기하지도 않을 것이고, 지금 이대로가 좋다고 인정해준다고 하더라도 변화하고자 하는 욕구를 잃고 싶지 않다.

《채근담》에는 "별로 잘한 일도 없이 남의 칭찬을 받느니 차라리 아무 잘못 없는 채로 남에게 흉잡히는 것이 낫다(무선이치인예 불약무악이치인훼無善而致人譽 不若無惡而致人毀)"는 말이 있다. 내가 부족하다는 것을 분명히 아는데 남들의 칭찬으로 모르는 척 넘어간다면 나한테 좋은 일이 될 수 있을까. 칭찬은 고마운 일이지만 거기에 안주하고 기뻐하기 전에 나를 돌아보는 것이 낫다. 또한 남의 비난은 신경 쓰이지만 거기에만 마음을 쓰고 눈치 보는 삶을 살 수도 없는 노릇이다.

《장자》에는 송영宋榮이라는 사람이 등장한다. 그는 "온 세상이 칭찬한다고 해서 고무되는 법이 없었고, 온 세상이 비난한다고 해서 단념하는 법도 없었다(차거세이예지이불가권 거세이비지이불가저且舉世而譽之而不加勸 舉世而非之而不加沮)"고 한다. 칭찬이 나를 나아가게 할 필요도 없고, 비난이 나를 막아서게 둘 수도 없다. 타인의 머릿속 생각보다 나의 생각이 더 중요하기 때문이다. 어떤 일은 사려 깊게 해나간다 하더라도 실패하는 경우가 있고, 어처구니없이 성공하는 일도 있기에 결국 내가 찾은 이유만이 나를 더욱 쉽게 납득시킬 수 있다. 그래서 언제나 나에 대한 명확한 평가는 남에게 맡기는 게 아니라 나 자신에게 맡겨야 한다.

✳

나는 아직도 나를 잘 모르겠다.

그러나 남이 아니라 나 자신에게 물어야 한다는 것은 안다.

남들의 칭찬과 비난은 그저 그들의 생각일 뿐

내 존재의 본질을 설명해주지는 못한다.

✳

적당한 거리가
지나친 가까움보다 낫다

"군자의 교제는 물같이 담백하지만, 소인의 교제는 단술처럼 달콤하다."

군자지교담약수 소인지교담약례君子之交淡若水 小人之交甘若醴

_《장자》〈산목山木〉

물은 아무 맛이 없어도 질리지 않는다. 또한 아무리 목이 말라
도 필요 이상 마시지 못한다. 그래서 언제나 적당함을 유지할 수 있
다. 그런데 술은 그렇지 않다. 술은 마시면 마실수록 만족이나 절제
에서 멀어진다. 그리고 남는 것은 숙취와 흐릿해진 기억이 빚은 걱
정과 자책뿐이다. 장자는 관계도 이와 같다고 여겼다. 서로 존중하
고 적당한 거리를 유지하는 관계는 물과 같고, 지나친 가까움을 추
구하는 관계는 술과 같다는 것이다. 술과 같은 관계는 지나친 친밀
함 때문에 오히려 쉽게 실망감으로 바뀐다는 것이다.

거리가 없는
친밀한 관계에 대해

'친밀親密'을 한자 그대로 풀이하면 빈틈없이 가깝다는 것을 뜻한다. 우리는 어떤 말이나 행동도 스스럼이 없고 조심하지 않아도 되는 사이를 친밀하다고 한다. 한때 친밀한 것이 곧 관계라고 생각했던 적이 있었다. 누군가와 가까워지면 가까워질수록 나에 관한 더 많은 정보를 주고 내 마음을 내보여야 한다고 생각했다. 마찬가지로 자기 이야기를 많이 해주는 사람이 더 가깝고 소중하게 느껴졌다. 서로 체면을 차릴 필요가 없고, 언제나 기탄없이 모든 것을 털어놓는 게 진정한 관계맺음이라고 여겼던 것이다. 이런 관계맺음이 어렸을 때는 어느 정도 통했지만 어른이 되어서는 조금 달라져야 한다는 것을 알게 되었다.

《삼국지三國志》에는 "사람의 마음이 서로 같지 않음은, 마치 얼굴이 서로 같지 않음과 같다(인심부동 각여기면人心不同 各如其面)"라는 말이 나온다. 서로 다른 생각을 품고 있는 것은 얼굴이 다른 것처럼 너무나 당연하다는 것이다. 내 생각이 달라지는 것처럼 나와 가까웠던 사람에게도 많은 변화가 찾아올 것이다. 공통점이 보이면 기쁘고 차이점이 보이면 마냥 참을 수 없었던 과거와 달리 내 마음이 중요한 것처럼 상대방의 내적인 변화도 진지하게 관찰해야 한다는 생각이 든다.

다름을 받아들이는 것은 힘든 일이 아니다. 왜 달라졌는지 이해할 수 있으면, 차이점은 오히려 상대방을 이해할 수 있는 좋은 계기가 될 수 있다. 이에 더해 어쩌면 지금까지 생각해보지 못했던 이색적인 즐거움을 찾을 수 있을지도 모른다.

친밀해야 좋은 관계가 되는 건 아니다. 소중한 관계일수록 오히려 적절한 거리를 유지해야 한다는 것을 이제야 이해하게 되었다. 내가 좋아하는 말을 많이 한다고 꼭 좋은 관계도 아니고, 나와 다른 생각을 가지고 있다고 해서 나쁜 관계가 되는 것도 아니다. 《시경》에는 "친하다가도 금방 욕하는 꼴들 너무나도 안타까워라(흡흡자자 역공지애潝潝訿訿 亦孔之哀)"라는 시구절이 나온다. 함께 있을 때 내 생각과 한 치의 어긋남이 없었다는 것은 때로는 진실하지 않은 것이라고도 생각할 수 있다는 것이다. 내 앞에서 내가 좋아할 말을 하는 사람은 내 뒤에서 더 많이 비난할 수 있다. 나 역시 비슷한 태도를 보인 적이 없었는지 뒤돌아보게 된다.

좋은 관계는
신뢰와 세월에서 비롯된다

좋은 관계는 신뢰에 의해서 지속되는 것이지 친밀해 보이려고 노력하는 데서 얻어지는 것이 아니다. 지나칠 정도로 친밀해지려고 노력하는 것은 오히려 신뢰가 약하다는 것을 보여주는 것이다. 진실로 서로 통하는 사람은 흐르는 강처럼 잔잔하지만, 겉으로만 친분을 과시해야 하는 사람의 조급함은 거칠고 변화무쌍한 모습을 가진다. 그래서 신뢰가 있는 관계에서 지나친 친밀함은 필요 없다. 서로에게 잘 보이기 위해 쓸데없는 노력을 기울여야 할 필요가 없기 때문에 서로를 과하게 칭찬하거나 거짓된 행동을 하지 않아도 된다.

어렸을 때부터 친했던 친구들이라 하더라도 나이가 들고 각자의 세계가 분명해지면 어렸을 때와 같은 친밀한 관계를 지속하기 어려워진다. 어렸을 때의 모습이 있어야만 변치 않는 우정이라고 생각한 적도 있지만, 이제는 저마다 처한 상황과 조건에 맞게 자연스레 변하는 게 변하지 않는 것보다 더 좋은 일이라는 생각이 든다. 그러니 친구를 만나도 예전 같지 않다고 느끼는 것은 서운할 일이 아니라 오히려 건강한 일이다. 오랜 시간을 이어온 만남이라도, 저마다의 생각과 환경 등이 변한 것을 헤아려 서로 다른 생각과 다른 삶을 더욱 존중하는 관계로 변해야 한다. 다시 말해 존중과 이해가 친밀함을 대신해야 한다. 세월이 흘러가는 만큼 서로를 대하는 모습도 변해야 하는 것이다.

그럼에도 나는 여전히 누군가와 대화할 때 아주 작은 공통점이라도 발견하면 감사함을 느낀다. 서로 다른 점을 이해하고 존중해야 하는 것을 알지만, 공통점을 가진 사람을 보면 마음이 더 끌리는 게 사실이다. 그 공통점이 관계에 있어 대단히 중요한 요소가 아니라는 건 알지만, 나와 비슷한 시각으로 세상을 바라보는 사람과의 대화에서는 제법 큰 만족감과 즐거움을 얻는다. 물론 적당한 거리를 유지해야 그 만족과 즐거움을 오래 누릴 수 있다는 걸 알기에 지나칠 정도로 가깝게 지내지 않으려고 노력하고 있다.

　　장자는 "지극한 인에는 각별히 친하다는 마음 같은 것이 없다(지인무친至仁無親)"고 했다. 장자가 말한 담박한 관계는 특별히 즐거움과 재미를 가져다주지는 않지만 결코 질리지 않고 오래 지속된다. 관계를 이어가는 게 어렸을 때만큼 쉬운 일은 아니다. 그러나 서로 다르다는 것을 이해하면 새로운 사귐과 관계 이어가기가 그렇게 어려운 일은 아니라는 생각이 든다. 함께하는 뜻깊은 순간에 서로를 존중하고 배려하는 것이기 때문이다.

　　빨리 불붙는 것은 그만큼 빨리 식어버린다. 물은 아름다운 꽃을 피우고 나무를 자라게 한다. 담박한 관계가 때론 무미건조하게 느껴지지만 그것은 신뢰의 다른 모습이다. 신뢰가 세월의 도움을 받으면 그 무엇보다 무성하게 나무와 꽃들을 자라게 해줄지도 모른다. 이는 친밀함에서 오는 달콤함에는 비할 수 없는 감동과 기쁨을 주는 일이다.

✳

서로를 존중하는 마음 안에는 지나칠 것이 없다.

그래서 다른 사람과 적당한 거리를 두는 것은

사람을 포기하는 것이 아니라

오히려 사람을 사랑하는 일이다.

✳

무례한 사람에게는
단호하게 대처하라

"군자는 다른 사람의 좋은 점을 이루게 하고,

다른 사람의 나쁜 점을 이루어주지 않는다. 소인은 이와 반대이다."

군자성인지미 불성인지악 소인반시君子成人之美 不成人之惡 小人反是

_《논어》〈안연顏淵〉

물은 계곡이나 강, 바다를 이룬다. 물을 생각하면 언제나 즐거웠던 어린 시절이 떠오르고 여전히 아련하고 그리운 마음이 솟아나곤 한다. 반대로 불은 그렇지 않다. 불을 보면 항상 무섭고 두려운 마음이 먼저 든다. 세상에 불에 기꺼이 뛰어들 수 있는 사람은 거의 없다. 그래서 물에 빠져 죽는 사람은 많지만 불에 일부러 빠져서 죽는 경우는 별로 없다.

나에게 무례한
사람들에 대해

정鄭나라의 재상 자산子産은 병들어 죽기 전 유길游吉에게 "무릇 불의 형세는 엄하므로 타 죽는 자가 드물고, 물의 모양은 유약하므로 사람들 중에 빠져 죽는 자가 많소. 당신은 반드시 모습을 엄하게 해서 당신의 유약함에 빠져 죽게 하지 말아야 하오"라고 말했다. 그러나 유길이 엄격한 모습을 보이지 않자 젊은이들이 도적이 되어 반란을 일으키려고 했다. 유길은 수레와 기병을 거느리고 하루 낮과 밤을 꼬박 싸워서 제압할 수 있었다. 물 같은 유약한 모습이 나쁜 영향을 끼친 것이다. 처음부터 불처럼 엄격한 모습을 보였다면 젊은이들의 목숨을 빼앗아야 하는 일은 생기지 않았을 것이다.

나는 분명히 한 명인데 사람과 상황에 따라 다른 사람이 되기도 한다. 함께 있으면 말과 행동이 정돈되고 차분해지는 사람이 있는가 하면, 거리낌 없이 마음 내키는 대로 해도 괜찮을 것 같은 사람이 있다. 단점을 숨기고 장점을 드러내고 싶게 하는 사람과 있으면 내가 더 좋은 사람처럼 보일 수도 있을 것이다. 또 어떤 사람은 함께 있으면 스스로 좋은 사람이 될 필요가 없게 느껴지기도 한다. 나를 대하는 상대방에게도 똑같다. 같이 있으면 좋은 사람이 되고, 반대로 단점이 더욱 두드러지는 사람도 있다. 왜 그럴까? 《논어》에 따르면 좋은 점이나 나쁜 점은 그것을 대하는 사람에 따라 달라질 수 있다.

다른 사람의 좋은 점을 이루어주고 나쁜 점을 이루어주지 않는다는 것은 내 기준에 좋은 점을 더 끌어내주고 나쁜 점을 드러내지 않게 돕는 것에서부터 시작되는 것이다. 좋은 점이라는 것은 내 입장에서 보았을 때 불편하거나 어긋남이 없는 것을 말한다. 그래서 누군가와 사이좋게 지내려면 최소한 내가 참을 수 없는 것에 대해서는 분명하게 입장을 밝히는 게 그러지 않은 것보다 더 낫다. 내가 싫어하는 그 행동을 더욱 강화하게 만들지도 모르기 때문이다. 비록 내가 다른 사람의 좋은 점까지 이루게 해주는 것은 포기한다고 하더라도, 내가 생각했을 때 기준을 넘는 말과 행동에는 단호하게 대처하는 게 참기만 하는 것보다 상대와의 관계를 아끼는 행동이 될 수 있다.

무례함을 묵인하는 건
상대에게도 좋은 일이 아니다

＼

누군가가 한 사소한 말이 나를 공격하고 아프게 할 때가 있다. 제대로 잠을 이루지 못할 정도로 화가 나지만, 그런 말을 하는 사람이 진짜 나를 공격하고 상처 주려고 그런 걸까 생각해보면 그러지 않은 경우가 훨씬 많다. 어쩌면 원래 그 사람의 말투나 화법이 나와 맞지 않아 그럴 수도 있다. 그렇다면 그 사람은 언제고 다시 나를 괴롭게 할 가능성이 높다. 따라서 내가 불쾌했다는 사실을 알려주지 않으면 그 사람의 인상은 기분 나쁘고 무례한 것으로만 남을 것이다. 결국 누군가 자꾸 나를 공격하게 만드는 것은 내 책임이다. 내가 분명한 태도를 보이지 않기 때문에 지속적으로 다른 사람의 나쁜 점을 이루어지게 만드는 꼴이다. 나의 유약함에 빠져 타인을 좋지 못한 사람으로 만들고 심지어는 관계를 끊게 되는 결과가 생기게 하지는 말아야 한다.

넌지시 이야기해도 알아듣는 사람이 있고, 반응을 보이지 않아야 알아차리는 사람도 있다. 또 불같이 화를 내야 비로소 깨닫는 바가 생기는 사람도 있다. 감정을 통제하지 않는 화는 좋지 않지만 내 기분을 확실히 전달하는 데 꼭 필요한 방법이 될 수 있다. 화를 내지 않고 싫은 말과 행동을 계속 참는 것은 그 사람의 좋은 점을 이루게 해주는 것이 아니라 나쁜 점을 이루게 해주는 행동이다. 물론 관계라는 것이 나로부터 시작된다고 하더라도 나의 의지로만 유지되지는 않는다. 내가 아무리 좋아하는 사람도 나를 떠날 수 있고, 또 그 반대가 될 수도 있다. 인연이 오고 떠나는 것은 인력으로 어찌 할 수 없는 일이지만 그 속에서 내가 할 수 있는 노력을 해야 한다.

좋은 관계를 지속하려면 옳고 그름과 상관없이 나의 호불호에 대해서 조금은 알려주는 용기가 필요하다. 이를 인정해주는 사람은 내 앞에서 지나친 행동을 삼갈 것이고, 그러지 않은 사람은 멀어질 것이다. 이게 내가 할 수 있는 최선의 방법이다. 물론 많은 것은 덮어놓고 흘려보내도 문제가 되지 않는다. 다만 무슨 수를 써도 참을 수 없는 것, 고통스러운 것에 대해서는 끝까지 묵인하고 사람 좋은 얼굴로 견디기보다 진심으로 알려줄 필요가 있다.

공자는 "원망의 감정을 숨기고 그 사람과 벗하는 것은 좌구명이 부끄러워했던 것이고, 나도 부끄럽게 여기는 것이다(닉원이우기인 좌구명치지 구역치지匿怨而友其人 左丘明恥之 丘亦恥之)"라고 했다. 원망하는 마음을 숨기고 모르는 척하면서 건강한 관계를 지속할 수는 없다. 나는 무례하게 구는 사람의 행동을 묵인하고 심지어는 좋은 낯빛으로 대할 때도 있었다. 나쁜 것을 보면 불편해지고 도대체 어떻게 대처해야 할지 몰랐기 때문이다. 듣기 힘든 말을 들을수록 감정을 드러내기가 어려웠다. 현명하게 말해서 깨우쳐줄 지혜도 없고, 분노를 드러내서 싫다는 마음을 분명히 표현할 용기도 없었던 것이다. 하지만 다른 사람이 나에게 나쁜 것은 더 이상 그 사람만의 잘못이 아니라는 것을 안다.

감정을 드러내는 것은 큰 용기가 필요하고, 때로는 사소한 오해나 거친 분노를 부를 수도 있다. 하지만 잔잔하기만 한 바다는 스스로 정화되지 않는다. 햇빛에 비치는 수면의 모습이 아무리 아름다워도 그 밑에 물고기가 살기 위해서는 태풍이 일어 바다가 뒤집히는 충격이 필요하다. 때로는 표현해야 하는 것을 두려워하지 않아야 한다.

✳

좋기만 한 것은 좋지 않음을 이끌어낸다.

밝음의 반대편에 어두움이 있는 것처럼

좋지 않음이 때로는

좋은 것을 이루는 힘을 주기도 한다.

✳

27일차

싸우지 않고도
이기는 것이 지혜다

> "백 번 싸워 백 번 이기는 것이 잘된 것 중에 잘된 용병이 아니며,
>
> 싸우지 않고 적을 굴복시키는 용병이 잘된 것 중의 잘된 용병이다."
>
> 백전백승 비선지선자야 부전이굴인지병 선지선자야
>
> 百戰百勝 非善之善者也 不戰而屈人之兵 善之善者也
>
> _《손자병법》〈모공謀攻〉

나를 알고 남을 알면 백 번 싸워 백 번 이긴다는 《손자병법》의 유명한 구절이 있다. 남의 강점과 나의 약점을 먼저 알고 방비를 제대로 한다면 결코 이기지 못할 일은 없다는 뜻이다. 그러나 손자는 백전백승이 최고의 용병이라고 말하지 않는다. 백 퍼센트의 승리보다 싸우지 않고 전쟁을 끝내는 게 잘된 것 중의 잘된 것이라고 한다. 싸움은 어느 한쪽에라도 분명하게 상처를 남긴다. 적군이든 아군이든 생명의 가치는 다르지 않다. 또한 한 명의 장정을 잃는 것은 한 집안의 가족 구성원이자 생계를 책임지는 노동력을 잃는 것을

의미한다. 그래서 싸워서 이기는 것은 결코 최고의 용병술이 될 수 없다. 싸우지 않고 이기는 것, 누구도 피해를 보지 않고 굴복시키는 것이 가장 현명한 싸움이다.

다툼이
발생하는 이유

《회남자》의 〈전언훈詮言訓〉에는 다투지 않는 것에 대한 이로움이 나온다. 세 사람 중에 두 사람이 서로 자신이 정직하다며 다투면 비록 남은 한 사람이 어리석을지라도 반드시 곁에서 결정권을 얻게 된다는 것이다. 이때 다투지 않았던 나머지 한 사람은 지혜롭지 않아도 지혜로운 사람이 된다. 다투지 않았기 때문이다. 세 명 중에 두 사람이 싸우는데 남은 한 사람이 아무리 허약해도 그중 한 사람을 돕는다면 승리에 가까워지는 것도 마찬가지이다. 남은 한 사람이 용맹하기 때문이 아니다. 싸우지 않았기 때문에 승기를 잡을 수 있는 가능성이 커진 것이다.

순자는 "무릇 다툼이라는 것은 반드시 스스로가 옳다고 생각하고 남은 옳지 않다고 생각하기 때문이다(범투자 필자이위시이이인위비야凡鬪者 必自已為是而以人為非也)"라고 정의한다. 다툼은 내가 옳다는 것을 증명하기 위해 그른 것을 그냥 두고 참을 수 없는 마음이다. 그래서 고정적인 것에 나를 가두고 절대적이라고 우기는 것이다. 그러나 다른 사람과 시시비비를 따지면 나도 분명히 '시是'가 아니라 '비

非'의 위치에 놓일 수 있다. 관자는 "옳고 그름은 반드시 섞여서 동시에 나온다(시비유 필교래是非有 必交來)"고 했다. 옳음을 따지다 보면 나의 그름이 드러나고 부정적인 마음은 다른 사람에게 상처를 줄 뿐만 아니라 나에게도 상처를 줄 수 있다.

　내가 진심으로 옳다고 생각했던 것들, 그래서 남들은 틀렸다고 여겼던 것들이 시간이 지나면 달리 보일 때가 많다. 나도 변하고 그 사안도 달라지기 마련이다. 상대방의 관점으로도 이해해보고, 사안의 경중도 생각해보는 노력을 하지 않고 한 방향으로만 판단하는 것은 어리석은 행동이었다. 좁은 소견으로 혈기만 믿고 날뛰는 '필부의 용기匹夫之勇'일 뿐이었던 것이다. 내가 옳다고 생각하는 것에는 조용히 그렇게 행동하면 그만이다. 내가 아닌 사람의 옳지 않은 행동 때문에 내 마음을 부정적인 것으로 채우고 그 마음을 드러내서 다투는 것은 서로에게 어떤 유익함도 줄 수 없다.

　팽월彭越의 신하였던 난포欒布가 드러내놓고 한 말이 있다. "치욕을 참아야 사람 구실을 할 수 있고, 부귀할 때 뜻대로 하지 못하면 현명하다고 할 수 없다(궁곤불능욕신하지 비인야 부귀불능쾌의 비현야 窮困不能辱身下志 非人也 富貴不能快意 非賢也)"라는 것이다. 사람과의 만남에서 불쾌한 일은 비일비재하다. 남에게 억울한 말을 들을 때도 있고, 내가 다른 사람에게 함부로 대하는 일도 생긴다. 또 누군가는 불가피한 사정 때문에 무례하게 굴 수 있다. 살아가면서 누군가와 감정이 상하고 다툼까지 가는 이유를 생각해보면 대부분 지극히 사소한 일일 때가 많다. 기분이 좋으면 쉽게 넘어갈 수 있는 일도 좋지 않은

일이 생겨서 마음이 쓰일 때는 참을 수 없을 만큼 화가 나기도 한
다. 그래서 감정에 따라 태도를 바꾸는 것은 타인의 잘못이 아니라
내 잘못이라는 것을 스스로 인정해야 한다. 그 누구도 나에게 조금
의 실수도 할 수 없다고 생각하는 것은 정말 오만한 태도가 아닐 수
없다.

시시비비를 가리며
싸우지 않으려면

내가 한 번 이겼다고 해도 다툼은 끊임없는 다툼을 낳는 악순
환을 반복한다. 장자는 "밖에서 들어오는 남의 의견이 있을 때 자기
에게 주장할 것이 있어도 고집하지 않고, 또 안에서 나오는 자기 의
견이 있을 때 그것이 정당하다 해도 남의 의견을 막지 않는다(시이
자외입자 유주이부집 유중출자 유정이불거是以自外入者 有主而不執 由中出者 有正
而不距)"고 했다. 지금 당장 마음이 급하더라도 시간이 지나면 저절로
해결되는 것이 그러지 않은 것들보다 언제나 더 많다. 아무리 중요
한 것이라고 해도 의견은 의견일 뿐이다. 하나의 의견 안에서 완벽
함을 추구할 수는 없다. 남과 다투고 시비곡직을 따지기보다 다른
생각을 조용히 경청하고 다시 한번 스스로 생각해볼 수 있는 느긋
함이 필요하다. 그런 느긋함이 나라는 사람을 원만하게 만들고 다
른 사람도 다치지 않게 하는 현명한 방법이 될 수 있다.

《공총자孔叢子》에서 노자는 인생의 비결에 대해 "이는 단단하지

만 서로 부딪혀서 마모되고, 혀는 부드럽지만 끝내 망가지지 않는다(치견강졸진상마 설유순종이불폐齒堅剛卒盡相磨 舌柔順终以不弊)"고 대답한다. 단단한 이보다는 물렁하고 약한 혀가 되라는 인생의 지혜를 알려주는 것이다. 모난 삶을 사는 것보다 유연한 곡선의 태도가 살아가는 데 더 도움이 된다. 싸움에서 이기는 사람에게는 남는 것이 별로 없다. 만일 내가 그런 사람이라면 누구도 나를 좋아하길 바랄 수 없기 때문이다. 싸움이 반복되면 내 주위에는 더 이상 나와 다툼을 이어갈 사람조차 남지 않을 것이다. 싸워서 이겨도 이기는 것이 아니라, 나를 포함한 다른 사람들도 피곤하게 하는 소모적인 일일 뿐이다.

내면에는 일정한 지조를 지키지만 세상과의 관계에 있어서는 언제나 유연한 태도를 가져야 한다. 이것은 누구나 알고 있는 평범한 진리지만 막상 실행하기는 어렵다. 남을 이기는 것이 아니라 나를 이기는 것의 의미를 생각해보는 게 나에게도 더욱 유익한 일이 아닌가 싶다. 삶의 경중을 따져보면 남과 다투는 것은 '가을의 터럭秋毫'보다도 작은 일이기 때문이다.

✳

나는 내 안의 중심축이
흔들리지 않게 하는 데 노력을 기울일 뿐이다.

살면서 다른 이에게
나의 진위를 드러내야 하는 절박한 상황은
그렇게 자주 찾아오지 않기 때문이다.

✳

무리한 부탁은
정중하게 거절하라

> "누가 미생고가 정직하다고 말하는가? 어떤 사람이 식초를 빌리러 갔더니,
>
> (자기 집에 없다고 하지 않고) 그 이웃집에서 빌려다가 그 사람에게 주었더라."
>
> 숙위미생고직 혹걸혜언 걸저기린이여지孰謂微生高直 或乞醯焉 乞諸其隣而與之
>
> _《논어》〈공야장公冶長〉

나한테 없는 것도 있다고 하면서 타인을 돕는 마음은 선한 마음일까, 지나치게 다른 사람을 의식하는 마음일까. 집에 없는 식초를 있다고 하면서 이웃집에서 빌려다 준 미생고는 자기를 희생해서 남을 도와주는 이타적이고 헌신적인 사람처럼 보인다. 그러나 공자는 작은 것이라도 뜻을 굽혀 다른 사람을 좇기보다는 정직한 것이 우선이 되어야 한다고 말한다.

솔직하게
말을 해야 할 때

　거절에는 용기가 필요하고 그 용기를 처음 내는 건 더욱 어렵다. 거절함으로써 다른 사람의 기분을 상하게 하거나 서운하게 하는 등 실망하게 하고 싶지 않기 때문이다. 그러나 불편을 감수하면서까지 다른 사람의 기분을 살피거나 동조해야 하는 건 선한 행동일까? 기쁘게 남의 부탁을 거절할 수 있는 사람은 없다. 나를 속이면서까지 남의 뜻을 따르는 것은 나뿐만이 아니라 남도 속이는 일이다. 미생고가 없는 것을 있다고 한 것은 이타적이라기보다는 찰나의 불편한 감정을 모면하려는 행동이었을 뿐이다.

　노자는 "아름드리나무도 털끝에서 생기고, 아홉 층 대도 쌓은 흙에서 일어나며, 천리의 길도 발밑에서 시작된다(합포지목 생어호말 구층지대 기어누토 천리지행 시어족하合抱之木 生於毫末 九層之臺 起於累土 千里之行 始於足下)"고 했다. 좋은 것이든 나쁜 것이든 모두 아주 사소한 것에서 시작된다. 그리고 작은 행동은 작은 행동으로 그치지 않는다. 작은 거짓말은 쌓이고 쌓여 다른 사람에게 더 큰 기대를 하게 만든다. 결국 솔직한 마음을 드러내야 할 때, 사람들은 그것이 본래 거짓이었다는 것을 깨닫고 당혹스러워 한다. 애당초 사람들은 잘못이 없다. 식초 하나쯤은 빌릴 수 있다고 생각할 수 있기 때문이다. 그리고 그 경험을 통해서 더 많은 것을 바랐을 뿐이다.

　솔직하게 거절하는 것, 싫은 게 무엇인지 명확하게 밝히는 것은 나뿐만 아니라 상대방도 지킬 수 있는 일이다. 나중에야 자신이 남을 불편하게 만든 사람이었다는 것을 알게 된 경우, 거절당해서 느끼는 불쾌함보다 상대방이 자신을 속였다는 데 더 큰 분노를 느낄지도 모른다.

나도 타인을 위해 싫지만 좋은 척, 귀찮지만 기꺼이 하려고 노력했던 적이 있다. 물론 상황에 따라 그래야 할 때도 있었다. 하지만 사소한 것들을 타인의 입맛에 맞추려고 하다 보면 오래 지속할 수도 없을뿐더러 제대로 관계를 유지하지 못하는 결정적인 이유가 된다는 것을 나중에야 깨달았다. 처음부터 솔직한 모습을 보여주었더라면 이해받을 수 있었을 문제들을 숨기는 바람에 오해가 쌓이고 더는 가까이 할 수 없게 되었던 것이다.

정직해지는 데도
용기가 필요하다

만일 누군가가 나한테 해준 것들이 진심이나 배려가 아니라 거짓이었다는 것을 알게 되면 기분이 어떨까. 부탁을 잘 들어주었던 사람이라서 고맙고 한편으로는 나를 좋아하는 사람이라고 여겼는데 말이다. 진심이 아니라 거절을 하지 못해서 마지못해 한 것이었다는 걸 알게 되면 실망을 금치 못할 것이다. 물론 내가 거절당하는 것을 얼마만큼 받아들일 수 있는 사람인지는 확실치 않다. 그래도 작은 일에서부터 거절하는 모습을 솔직하게 보여주었다면 그렇게

까지 큰 오해를 하지 않았을 것이다. 물론 나와 잘 지내고 싶었던 선의의 마음이었겠지만 솔직한 마음을 드러내지 않은 관계는 오래 지속되기 어렵다.

인간관계는 누구에게나 쉽지 않다. 그래서 혼자 있는 시간이 중요하다고 해도, 혼자 있는 시간은 결국 다른 사람들을 그리워하고 찾고자 하는 마음이 들게 한다. 대개 사람은 어떤 형태로든 타인을 필요로 한다. 어찌되었든 사람들과 함께 살아야 한다면 작은 것이라도 솔직하게 표현하고, 상대에게 찬찬히 이해시키는 것이 나를 무작정 숨기고 상대의 마음에 들기 위해 노력하는 것보다 낫다.

내가 솔직히 거절해야만 할 때 그에 대한 평가는 나의 몫이 아닌 상대방의 몫이다. 반대로 내가 거절당했을 때 어떻게 받아들일 것인지 또한 내 마음에 달려 있다.

장자는 "가장 큰 호의는 잔혹하다(대인불인大仁不仁)"고 했다. 호의는 적당한 선에 머물 때 가장 좋다는 의미이다. 선의의 거짓말을 해야 할 정도로 지나친 호의는 자칫하면 호의를 보이는 사람과 받는 사람 모두 상처를 주고받을 수 있다. 《관자》에는 "보통 사람은 마음을 씀에 있어 아낌이 미움의 발단이 되고, 은혜가 원망의 원인이 된다(중인지용기심야 애자증지시야 덕자원지본야衆人之用其心也 愛者憎之始也 德者怨之本也)"는 구절이 있다. 미움과 원망은 모두 호의에서 나온다고 한다. 따라서 상대방이 오해하지 않을 수 있도록 거절할 것은 거절하고, 불편한 것은 표현해야 오히려 좋은 관계가 된다.

《채근담》에는 "자신의 뜻을 굽혀서 남을 기쁘게 하느니 차라리 행실을 올곧게 하여 남의 미움을 받는 것이 낫다(곡의이사인희 불약직궁이사인기曲意而使人喜 不若直躬而使人忌)"라는 말이 나온다. 이는 미생고의 식초에 대한 공자의 생각과 같은 의미다. 작은 것이라도 남에게 잘 보이기 위해 진실을 속여서는 안 된다. 비록 식초가 없다는 말에 서운한 마음이 들더라도 그리 오래가지 않을 것이다. 정직함을 해치지 않는 것이 오히려 이웃을 지키고 또 다른 오해를 불러일으키지 않는 방법이다. 그래서 미생고의 식초 이야기는 작은 일이지만 큰 깨달음을 준다. 정직이 곧 용기이고 나와 타인을 모두 지키는 길이라는 사실을 말이다.

＊

나의 부족함을 솔직히 고백하는 것은
대단한 용기가 필요하고 가치 있는 일이다.

반면에 아름답게 꾸민 거짓은
무익함만 가질 뿐이다.

＊

나를 알면
남들에게 관대해진다

"눈동자는 다른 곳의 아주 작은 솜털은 볼 수 있어도

자신의 속눈썹은 보지 못한다."

목견호모이불견기첩目見毫毛而不見其睫

_《사기》〈월왕구천세가越王勾踐世家〉

눈동자가 다른 곳의 작은 솜털은 볼 수 있어도 자신의 속눈썹은 보지 못하는 것처럼 누구나 다른 사람보다 자기 자신을 제대로 보는 게 힘들다. 눈은 나를 향해 있는 것이 아니라 언제나 밖을 향하기 때문에 아주 가까이에 있는 자신의 눈썹도 올려다볼 수가 없다. 눈은 외부의 위험에서 자신을 보호해야 하기 때문에 밖을 향해 있다. 하지만 마음을 돌보기 위해서는 외부가 아니라 내부를 바라볼 줄 아는 눈도 필요하다.

다른 사람의 허물이
거슬릴 때

《명심보감》에는 "매우 어리석은 사람도 다른 사람을 탓할 때
는 똑똑하다(인수지우 책인즉명人雖至愚 責人則明)"는 말이 있다. 나도 남
의 단점을 찾아내려고 하면 누구보다 쉽게 찾아낼 수 있다고 자신
한다. 하지만 정작 자기 자신에 대해서는 아무것도 모르는 바보다.
나 자신을 잘 모르기 때문에 그렇게 쉽게 타인을 탓할 수 있었던 것
뿐이다. 그래서 장자는 "큰 지혜는 힘이 안 들지만, 작은 지혜는 흠을
들춰내느라 바쁘다(대지한한 소지간간大知閑閑 小知閒閒)"고 했다. 남의
흠을 들춰내는 지혜는 진정한 지혜가 아니다.

　눈이 다른 곳의 솜털을 쉽게 볼 수 있다 하더라도 단편적일 수
밖에 없다. 다른 사람의 행동과 말에서 실수를 찾아내기 쉽다는
건 전체적인 판단으로 이루어지는 게 아니라는 것을 의미한다. 사
실 전체적이라는 범위도 쉽게 구획 지을 수 없다. 내가 어떤 부분을
보느냐에 따라 꽤 괜찮은 사람으로 평가할 수 있고, 반대로 이해할
수 없는 사람으로 낙인찍을 수도 있다. 그래서 다른 사람의 작은 부
분을 보고 평가절하하기도 쉽지만, 같은 이유로 인해 나와 비교할
수 없을 만큼 훌륭한 사람이라고 여기기도 한다. 범접할 수 없을 정
도로 우월하다고 느끼는 사람과 함께 있을 때는 위축되고, 반대로
내가 더 낫다고 판단될 때는 우월감을 느낀다.

　눈동자는 비록 밖을 향해 있지만 다른 사람을 뜯어보기 전에

먼저 자신을 들여다봐야 한다. 타인의 모순을 판단할 수 있다고 하더라도, 내가 얼마나 깨지기 쉬운 연약한 조각들로 이어져 있는지 안다면 쉽게 남에 대해 이러쿵저러쿵 말을 늘어놓을 수 없다. 스스로 내면을 들여다보면 내가 아는 나와 실제의 나 사이에도 간극이 있다는 것을 알게 된다. 실제의 나라는 것이 무엇인지 확연하게 알 수 없더라도 내가 마땅히 그렇게 여기는 나와는 분명한 차이가 있다는 것을 어렴풋이 알 수 있다.

항상 좋은 사람이라고 생각했던 내가 실은 그렇게 좋은 사람도, 일관된 사람도 아니라는 것을 알게 되는 건 썩 유쾌한 일은 아니었다. 오랜 시간 동안 내가 나를 오해하고 있었다는 게 쉽게 납득이 되지 않았다. 왜 나는 나를 알지 못했고 제대로 알려고 하지 않았을까. 도대체 그동안 어떤 마음으로 살아온 것일까. 여러 가지 생각이 들었다. 그동안 나는 나를 제대로 볼 줄 몰랐기 때문에 스스로 일관된 모습을 유지하고 있다는 착각을 하며 살았던 것이다. 하지만 시선을 나에게로 향하는 순간, 내가 얼마나 납득하기 어려운 모순으로 가득 찬 사람인지를 쉽게 파악할 수 있었다.

나의 약점을 알면
타인을 보듬어줄 수 있다

이제부터라도 나의 눈, 코, 입을 제대로 볼 수 있을까. 어디에 흠이 있는지, 뭐가 묻었는지 완벽하게 찾아낼 수 있을까. 만약 나에 대한 오해가 컸다면 전면적으로 나 자신을 다시 판단할 힘과 의지가 있을까. 보고도 모른 척하고 싶고, 알게 된다 해도 손바닥 뒤집듯이 쉽게 바꿀 수 있을까. 그러나 나에 대한 실제와 상상의 간극이 얼마만큼인지, 또 무엇인지 일일이 찾아내서 분석하지 않더라도 그러한 모순이 존재한다는 것을 깨닫기만 하면 많은 게 달라 보인다. 마음의 눈이 밖이 아니라 안을 향하기만 해도 뭐든 조심스러워지기 때문이다.

내가 아는 내가 더 이상 내가 아닐 수도 있다는 생각이 들면 다른 사람을 바라보는 날카로운 시선이 누그러진다. 내가 어떤 사람인지도 잘 모르는데 다른 사람을 어떻게 정확하게 판단할 수 있을까. 그래서 다른 사람에 대해 안다고 생각하는 것 자체가 애초에 불가능한 일이라는 것을 깨닫게 된다. 내 약점을 알게 될수록 남의 흠을 들추기보다 남들의 지난 잘못을 덮어주고자 하는 마음이 더 커진다. 내 단점을 이해받고 싶은 만큼 남의 단점을 보면 똑같이 모르는 척 넘어가주는 여유가 생긴다.

공자는 "이루어진 일은 해명하지 않고, 끝마친 일은 따지지 않으며, 이미 지나간 일은 추궁하지 않는다(성사불설 수사불간 기왕불구 成事不說 遂事不諫 既往不咎)"라고 했다. 이미 끝난 일에 문제가 있더라도 덮어주고 보듬어주어야 한다는 뜻이다. 언제나 옳고 그름을 따지고 늘어지는 것은 지혜로운 처사가 아니다. 쉽게 말해, 자신에게는 엄격하더라도 다른 사람에게는 관대한 태도를 가져야 한다. 그래서 장자는 "가장 큰 정직함은 남에게 까다롭게 굴지 않는다(대렴불겸大

廉不嗛)"고 했다. 남에게 엄격하다는 것은 나에 대한 반성이 부족하다는 것을 의미한다. 이게 바로 가장 정직하지 않은 태도라는 것이다.

　노자는 "사람을 아는 사람은 지혜롭고, 스스로 아는 사람은 밝다(지인자지 자지자명知人者智 自知者明)"고 했다. 타인을 아는 것은 지혜로운 일이지만 자기 자신을 아는 사람은 보다 더 명확하게 깨달을 수 있다는 뜻이다. 남의 사소한 잘못을 찾기 전에 나의 잘못을 들여다보고, 남과 비교하기 전에 나를 온전히 바라보는 노력은 타인을 소중히 하는 것뿐만 아니라 나를 아끼는 길이다.

　나를 알면 알수록 타인에게 관대한 마음이 생기게 될 것이고, 그런 마음가짐으로 남을 대하면 소중한 관계가 더 많아질 것이다.

＊

마음의 시선은 밖이 아니라

안으로 향해야 한다.

안으로 행하는 것은

언제나 나를 겸허하게 한다.

＊

앞으로 나아가려면
굽혀야 한다

> "자벌레가 몸을 굽힘은 폄을 구하기 위해서요,
>
> 용과 뱀이 칩거함은 몸을 보존하기 위해서이다."
>
> 척확지굴 이구신야 용사지칩 이존신야尺蠖之屈 以求信也 龍蛇之蟄 以存身也
>
> _《주역》〈계사전繫辭傳〉

거센 태풍이 몰아치면 꼿꼿하게 서 있던 나무가 작은 풀이나 꽃보다 먼저 부러진다. 매섭게 부는 바람 앞에서 작은 풀과 꽃의 뿌리는 쉽게 뽑히지 않는다. 작은 것들은 바람이 부는 대로 몸을 낮춰 곤경을 쉽게 피한다. 그래서 나무는 구부러지는 것이 아니라 부러지는 것을 더 걱정해야 한다.

《회남자》에는 "대개 질풍은 나무는 뽑아버릴 수 있지만 모발은 뽑지 못한다(부질풍교목 이불능발발夫疾風敎木 而不能拔髮)"라는 말이 나온다. 바람의 방향에 따라서 이리저리 움직일 수 있는 한 올의 머리카

락은 어떤 바람도 견딜 수 있다. 그래서 때로는 굽히는 것이 펴는 것보다 지혜로운 일에 가까운 것이다.

자벌레가 몸을 굽혀야 앞으로 나아갈 수 있고, 용이나 뱀이 겨울에 칩거하지 않으면 봄의 따뜻한 햇볕을 즐길 수 없는 것처럼 굽히는 것은 앞으로 나아가기 위해서 혹은 생존하기 위한 미덕이다. 혹독한 시기에는 굽히고 몸을 사려야 만발하는 꽃들을 다시 만날 수 있다.

앞으로 나아가기 위해
한발 물러나야 할 때

살다 보면 세상일이 내 마음대로 풀리지 않을 때가 어김없이 찾아온다. 억울하고 참을 수 없는 일이 생길 때마다 일일이 대응해서 분노해야 할까. 걷잡을 수 없는 감정을 모조리 표출하며 여기저기 억울함을 알아달라고 호소해야 할까. 아니면 어디서부터 이런 오해가 생겼는지 차분히 알아볼 수 있도록 일단 한발 뒤로 물러서는 게 좋을까.

작아지고 싶지 않았지만 작아질 수밖에 없는 상황과 조건에서 달리 선택지가 없다는 건 너무나 자존심이 상하는 일이다. 그러나 풍랑이 이는 날 배를 띄우지 않는다고 해서 자존심이 상한 채 화를 내는 사람은 없다. 풍랑이 몰아치는데 배를 띄우겠다고 강행하는 것은 의지의 경이로움이 아니라 무지와 무모함을 증명하는 것일 뿐이기 때문이다. 이처럼 어쩔 수 없이 내가 굽혀야 하는 일들도 자연스럽게 받아들여야 한다고 생각하면 그렇게 스스로 자책하고 분노할 필요가 없다.

노자는 "장차 구부리고자 하면 반드시 잠깐 편다. 장차 약하게 하려 하면 반드시 잠깐 강하게 한다. 장차 폐하려 하면 반드시 잠깐 일으킨다. 장차 빼앗으려고 하면 반드시 잠깐 준다(장욕흡지 필고장지 장욕약지 필고강지 장욕폐지 필고흥지 장욕탈지 필고여지將欲歙知 必固張之 將欲弱之 必固強之 將欲廢之 必固興之 將欲奪之 必固與之)"고 했다. 삶도 마찬가지인 것 같다. 좋은 삶을 얻으려면 삶이 무언가를 빼앗으려고 할 때 조용히 받아들일 수 있는 용기가 필요하다. 부조리함에 몸을 맡겨야 할 때도 있고, 억울한 일에 눈을 질끈 감아야 할 때도 있다. 이 모든 것이 언젠가 삶에서 더 많은 것을 얻기 위한 방편이라고 생각하며 감내해야 한다. 잃지 않으면 얻을 수 없고, 주지 않으면 받을 수 없기 때문이다.

굽힐 때와
펼 때를 아는 것

\

《근사록》에는 "자기를 굽히지 못하는 것을 걱정하고 펼 수 없는 것은 걱정하지 말라(환기불능굴 불환기불능신患其不能屈 不患其不能伸)"는 말이 있다. 굽혀야 하는 일련의 과정들이 나의 삶에 도움이 된다는 것을 안다고 해도 마음이 상하고 분노가 치미는 것은 어쩔 수 없다. 그러나 삶의 굴곡과 진창 앞에서 그런 상황에 바로 맞서는 것이 현명한 선택은 아니라는 것을 분명히 알게 되었다. 남이 나에게 나쁜 말과 행동을 했을 때 최고의 복수는 화를 내고 돌려주는 것이 아니라, 내가 앞으로 나아갈 수 있는 에너지로 사용하는 것이다. 그래서 굽히는 것은 굽히는 것으로 끝나지 않고 앞으로 나아가는 원동력이 된다. 내가 성장할 수 있는 상황이라면 굽혀야 하는 일도 좌절보다는 감사하는 마음으로 채워진다.

굽히는 것만큼이나 펴는 것도 중요하다. 언제나 펴기만 하는 것이 옳지 않은 것처럼, 때로는 굽히는 것보다 펴야 하는 용기도 필요하다. 적절하게 펴야 할 때도 굽히는 것은 굽히는 것의 의미를 상실한 것과 다름없다. 용과 뱀은 칩거하기 위해서 칩거하는 것이 아니라 언젠가 세상에 나오기 위해 몸을 보전한다. 내 의지를 피력할 날에 그것을 제대로 이끌어내기 위해 굽혀야 하는 것이지, 언제나 굽히고 순응하면서 살기 위해 그렇게 하는 것은 아니다. 내가 나름의 의지를 가지고 있고 펴야 하는 순간이 찾아오면 망설이지 않고 펼 줄 아는 용기도 필요하다.

의지는 내가 진짜 원하는 게 무엇인지 알게 되었을 때 드러난다. 그 어떤 것에도 휘둘리고 싶지 않은 무엇을 발견했을 때, 비로소 펴야 하는 순간이 찾아온다. 그동안 망설일 때마다 뒷걸음질치고 굽혔던 것은 하고자 하는 일에 집중하기 위해서이지 굽히는 것 자체가 목적은 아니었다. 그래서 굽히는 것은 굽히는 것으로 끝나는 것이 아니라, 반드시 펼 수 있다는 믿음으로 실행해야 한다. 그런 믿음은 힘든 일을 힘들지 않게 받아들일 수 있는 힘을 준다.

《관자》에는 "성공하는 방법은 때에 따라 적절하게 굽히고 펼줄 아는 것에 있다(성공지도 영축위보成功之道 贏縮爲寶)"라는 말이 나온다. 굽혔다 폈다를 자유자재로 하는 게 쉽지는 않지만 굽혀야 할때 지나치게 좌절할 필요도, 펴야 할 때 지나치게 오만할 필요도 없다. 삶에서 굽혀야 할 때와 펴야 할 때는 번갈아 가며 찾아오기 때문이다.

어쩔 수 없이 굽혀야 하는 상황이 생겨도 그 끝에는 항상 배움과 성장이 찾아온다. 마찬가지로 중요한 순간에는 반드시 소신 있는 행동을 할 수 있어야 한다. 굽히는 것의 궁극적인 목표는 앞으로 나아가기 위함이기 때문이다.

＊

품위는 외적인 꼿꼿함이 아니라
정신적인 반듯함이다.

몸을 굽히는 것에서
때로는 마음을 지킬 수 있는
예기치 못한 유익함을 발견하게 된다.

＊

가까운 사람에게서
행복을 찾으라

"가까운 자가 친숙하지 않다면 먼 자가 (따라) 오기를 애쓰지 말라.

친척이 다가와 붙지 않는다면 외인과의 사귐에 애쓰지 말라."

근자불친 무무래원 친척불부 무무외교近者不親 無務來遠 親戚不附 無務外交

_《묵자墨子》〈수신修身〉

많은 사람의 사랑을 받았던 노래도 시간이 지나면 새 노래에 그 자리를 내준다. 사람들은 새로운 것에 더 쉽게 끌리고 그것을 찾기 마련이다. 그런데 따지고 보면 유행이라는 것도 계속 돌고 돈다. 완전히 새로운 것이 나타나는 게 아니라, 이미 알고 있는 익숙한 것이 오랜 시간이 지나자 다시 새로워 보이는 것이다. 새롭다고 느끼는 음악도 완전히 새로운 것이 아니라 원래 좋아했던 무언가가 섞여 있어 거기에 다시 끌리는 것일지 모른다. 인간관계도 비슷하다. 새로웠다가 식상해지며 거리가 멀어졌다가 다시 가까워지기도 한다.

새로운 관계에
마음이 쏠리는 것

바로 옆에 있는 사람은 익숙하고 편하기 때문에 함부로 대하기 쉽다. 가족이나 친구에게 정성을 들이지 않는 이유는, 쉽게 멀어질 수 없는 관계라는 것을 알기 때문이다. 하지만 가까운 사람에게 좋은 사람이 될 수 없는 사람은 먼 곳에서도 친구를 구할 수 없다. 바로 옆에 있는 사람들이 나를 좋아하지 않는다면 새로운 사귐은 불가능하다.

관계를 유지하려고 특별히 노력하지 않아도 내 곁을 떠나지 않는 사람에게는 마음을 덜 쓰게 된다. 가까워지면 가까워질수록 그 사람에 대해 궁금한 마음도 사라진다. 익숙함이 그 사람을 알고자 하는 마음을 가로막아버리기 때문이다. 가족의 마음을 진지하게 헤아리는 사람은 그리 많지 않을 것이다. 가족은 내가 어떤 사람이든 언제나 함께하는 사람들이라는 믿음이 있기 때문이다.

나는 언제나 새로운 관계에 관심이 많았고 원했다. 새로운 사람을 만나는 설렘과 즐거움에 마음이 끌렸다. 새로운 관계를 맺는다는 게 어떤 의미를 가지는지 전혀 생각하지 않고 원하는 것을 가지려는 마음을 제어하지 못했다. 이미 가지고 있는 것에 더 이상 매력을 느끼지 못하고 끊임없이 새로운 걸 찾아 헤매는 어리석은 마음으로 가득했던 것이다.

새로운 사람과 관계를 맺을 때는 그 사람의 작은 행동에도 눈

길이 간다. 나와 조금만 비슷해도 기쁘다. 나와 다른 생각을 할 때도 최대한 그 사람의 마음을 이해하고자 한다. 친해지려면 먼저 그 사람에게 잘 맞춰주어야 한다고 생각하기 때문이다. 그래서 때로는 나를 희생하면서까지 새로운 관계를 맺으려고 노력한다. 오래 함께한 사람보다 새로 만난 사람에게 더 다정하고, 더 양보하고, 더 친절한 내가 생긴다.

그 어떤 관계도 시간이 지나면 익숙해지는 단계가 찾아온다. 새로움은 시간이 조금만 지나도 매력을 상실한다. 반면에 익숙하다는 것은 시간이 쌓였다는 것을 의미한다. 많은 시간이 쌓여서 익숙해지는 것들은 새로움과 달리 시간이 지나도 오랫동안 지속된다. 또한 오랫동안 잊고 있어도 시간이 지나면 또다시 그리워지는 값진 것들이라고 할 수 있다. 새로운 사람과 맺는 관계도 중요하지만, 익숙한 만남에서 새로움을 찾으려고 노력하는 게 오랜 시간 쌓아온 관계를 소중히 여길 줄 아는 마음인 것 같다.

가까운 관계를
소중히 여기는 마음

새로운 관계도 나름의 가치가 있다. 그렇다고 가까운 관계를 소홀히 여겨선 안 된다. 나를 이해해주고 사랑해주는 가까운 사람을 지키는 게 바탕이 된 다음에 다른 곳에서도 좋은 관계를 만들어낼 수 있다. 공자는 "그림을 그리는 일은 흰 바탕이 있은 이후의 일이다(회사후소繪事後素)"라고 했다. '예의禮'라는 것도 '사랑仁'이 있은 후에 가능하다는 것이다. 이처럼 삶에도 우선순위가 있다. 내가 먼저고 그다음이 나와 가까운 가족들이다. 가까운 관계의 사랑과 신뢰가 바탕이 되어야 새로운 관계도 안정적으로 그려나갈 수 있다. 지저분한 바탕 위에는 아무리 멋진 그림을 그려도 소용이 없는 것처럼 주위 사람을 챙기지도 못하면서 새로운 관계를 맺으려고 해봤자 그리 아름다운 관계로 이어지지는 못할 것이다.

　언제나 변함없이 내 곁에 있어준 사람들보다 더 중요한 관계는 없다. 그래서 가까운 사람들에게는 당연한 마음보다 감사한 마음을 가져야 한다. 오랜 시간 내 곁을 지켜준 가족과 친구들은 그 어떤 것보다 위로가 되는 존재들이기 때문이다.

　공자는 "산앵두나무 꽃이 팔랑이다가 뒤집히고 있네. 어찌 그대를 그리워하지 않으리. 그대의 집이 멀 뿐이다(당체지화 편기반이 기불이사 실시원이唐棣之華 偏其反而 豈不爾思 室是遠而)"라는 시구에 대해 "그리워하지 않는 것일 테지, 무엇이 멀리 있다는 것인가(미지사야 부하원지유未之思也 夫何遠之有)?"라고 화답한다. 시간이 없거나 물리적으로 멀기 때문에 만나지 못한다는 건 핑계일 뿐이라는 것이다. 진심으로 그리운 사람에게는 시간도 장소도 구애되지 않는다. 바쁘다며 가족이나 친구들을 소홀하게 대하는 건 어리석은 변명인 셈이다. 그리워하는 마음이 진심이라면 지금 당장 함께해야 하는 사람이 누구인지 알아야 한다.

　인생을 길게 보면 그 어떤 것보다 중요하게 여겨야 하는 것은 내가 사랑하는 사람들이다. 지금 이 순간 특별하지 않은 것을 나누더라도 사랑하는 사람들보다 더 특별한 것은 세상에 존재하지 않는다. 경중을 떠나 모든 것을 공유하는 사람이 있다는 사실만큼 든든한 일은 없다. 익숙한 것에서 새로움을 찾고, 먼 곳을 동경하는 마음보다 가까운 곳에서 행복을 찾는 것이 중요하다. 그래서 무엇보다 가까운 사람들에게 전심전력을 다하는 것이 잊지 말아야 하는 삶의 자세가 되어야 한다고 생각한다.

✹

언제나 가깝고 익숙한 사람들을
진지한 마음으로 대해야 한다.

삶에 대한 믿음은 멀리 있는 것이 아니라,
날마다 반복되는 일상에서
찾을 수 있기 때문이다.

✹

작은 관심이
큰 도움보다 낫다

"천금으로도 상대방에게 잠시의 환심조차 얻기 어려울 수 있고,

한 끼 식사 대접만으로 상대방을 평생 감동시킬 수 있다."

천금난결일시지환 일반경치종신지감 千金難結一時之歡 一飯竟致終身之感

_《채근담》

돈을 많이 준다고 해서 사람의 마음을 얻을 수는 없다. 관우는 조조가 천금을 내리고 벼슬을 주면서 극진히 대접했어도 어려운 시절부터 함께한 유비를 저버릴 수는 없었다. 중산군中山君은 대부 사마자기司馬子期에게 양고기 국물을 나눠주지 않아 나라를 잃게 되었는데, 도망가는 중산군을 따른 이들은 일찍이 찬밥을 나눠주었던 병사의 자식들이었다. 사람을 감동시킬 수 있는 방법은 꼭 주는 것이 많고 적음에 달려 있지 않다. 담는 마음에 따라 작은 것이 큰 것이 되기도 하고 큰 것이 작은 것이 되기도 한다.

베푸는 것의 크기를 생각하면 한 끼 식사 대접은 천금에 비할 바가 못 된다. 그러나 사람의 마음은 그렇게 물질적인 크기에만 좌우되지 않는다. 천금을 주면서 생색을 내면 이미 가졌던 감사한 마음도 사라지는 것이고, 어려운 시절에 얻었던 작은 도움은 평생 동안 잊을 수 없는 고마움이 될 수도 있다.

나를 아껴주는
단 한 사람

《여씨춘추》에는 "사람의 일반적인 정리情理로는 산에 걸려서 넘어지는 것이 아니라, 개미구멍에 걸려서 넘어지는 법이다(인지정 불궐우산이궐우질人之情 不蹶于山而蹶于垤)"라는 말이 있다. 산이 아무리 높다고 해도 산에 걸려서 넘어지는 사람은 없다. 작은 개미구멍이나 돌부리에 걸려 넘어지는 것처럼 사람의 마음도 큰 것이 아니라 작은 것에서부터 잃을 수 있고, 또 얻을 수 있다는 것이다.

뭘 해야 할지 모르고 방황하던 시절에 임신을 한 친구가 먼 곳에서 버스와 지하철을 갈아타며 찾아왔던 적이 있다. 점심을 사주고 바삐 돌아가던 뒷모습을 아직도 잊을 수 없다. 의심스런 눈초리에 둘러싸여서 괴롭고 힘든 나날을 보내고 있을 때였다. 그런 나를 위해 무거운 몸을 이끌고 찾아와 함께 먹은 한 끼는 어둠 속에 떨어져 있던 내 자존감에 실낱같은 희망이었다. 단 한 명이라도 나를 중요한 사람이라고 여긴다면 나도 가치가 있는 사람이 아닐까 하는 마음이 들었던 것이다. 지금도 그때를 떠올리면 부끄럽지만 항상 눈시울이 붉어진다. 당시의 고마움과 감동에서 좀처럼 벗어나기 힘들다. 어려운 시절에 받은 도움은 작은 것이라 할지라도 가치를 매길 수 없을 정도로 크다. 그때의 한 끼는 우정이라는 소중한 가치와 나라는 사람에 대한 믿음을 포기하지 않게 만들어주었기 때문이다.

누군가에게 서운해지는 것도 마찬가지이다. 큰 것을 주지 않아서 서운한 게 아니라, 작은 것을 소홀히 하는 모습을 보면 서운해진다. 약속 시간을 자주 어기는 사람에게는 불쾌한 감정이 쌓인다. 중요하다고 생각하는 일에 늦는 사람은 별로 없다. 대개는 중요하지 않다고 생각하기 때문에 늦는 것이다. 작은 일이지만 서운함이 쌓이면 원망이 생기고 차츰 멀리하게 된다. 내가 상대를 소중히 대하는 것이 우선이지만 나와의 만남을 중요하게 생각하지 않는 사람과는 관계를 유지하기가 힘들다.

큰 도움보다
사소한 관심이 소중하다

《채근담》에는 "맛있는 것이 있으면 남에게 맛보게 하고, 좁은 길에서는 다른 사람을 먼저 가게 하라(경로착처 유일보여인행 자미농적 감삼분양인기 차시섭세일극안락법經路窄處 留一步與人行 滋味濃的 減三分讓人嗜 此是涉世一極安樂法)"라는 말이 나온다. 더불어 살아가는 데 최고의 지혜라는 생각이 든다. 인생의 묘미가 작은 것을 베풀고 작은 것에 감사하는 것이라면 누구나 어렵지 않게 할 수 있다. 세상이 나에게 그렇게 큰 걸 바라지 않는다면 나도 누군가에게 나눌 수 있지 않을까.

　나는 나눌 수 있는 사람이 되고 싶다는 막연한 바람을 가지면서 살았다. 그러면서도 일상에서는 남들을 향해 박수를 치는 것에도 인색했다. 언젠가 많은 사람을 돕고 싶다고 생각하면서도 바로 앞에 있는 누군가를 응원하고 칭찬할 줄도 몰랐던 것이다. 그러나 이제는 단번에 큰 도움을 줄 수는 없더라도 할 수 있는 선에서는 누군가에게 유익한 일을 할 수 있다는 것을 안다.

　누군가에게 도움을 주고자 하면 언제나 기꺼이 할 수 있는 일인지 고민해보아야 한다. 망설이는 마음은 오히려 도움을 받는 사람에게 원망과 비난을 받을 뿐이다. 공자는 "가까운 데서 구체적인 예를 찾을 수 있으면 그것이 바로 인仁의 (실천) 방법이라고 할 수 있을 것이다(능근취비 가위인지방야이能近取譬 可謂仁之方也已)"라고 했다. 인은 오랜 계획을 세우고 큰 것을 베푸는 데 있지 않다. 내가 지금 당장 할 수 있는 일에 최선을 다하는 것이다. 사랑과 배려는 커다란 계획을 세워서 하는 일이 아니라, 앞에 놓여 있는 것에 진심을 다하는 것일 뿐이다. 내가 원하는 만큼 누군가에게 줄 수 있는 날은 앞으로도 영원히 오지 않기 때문이다.

　중산군은 "남에게 덕을 베풀 때 물건의 많고 적음은 따질 게 아니다. 가장 곤궁할 때 베풀어야 그 은혜에 감격하는 것이다. 남과 원한을 맺게 될 때 원한의 깊고 얕음은 따질 게 아니다. 상대방의 마음을 상하게 하는 것이 가장 큰 원한을 품게 만드는 것이다(여불기중

소 기어당액 원불기심천 기어상심與不期眾少 其於當厄 怨不期深淺 其於傷心)"라고
했다. 아무리 작은 것이라 해도 그것을 주는 마음이 어떤지 알기 때
문에 감동하게 된다. 누구나 할 수 있는 일에 마음 써주지 않으면 마
찬가지로 그 마음이 소홀하다는 것을 알기 때문에 더욱 서운해진
다. 그래서 큰 것을 주는 게 어렵다고 생각하기 쉽지만, 작은 것을
주는 건 더 어렵다.

어려울 때 나를 찾아와주었던 친구만큼 사려 깊은 사람이 될
수는 없지만 작은 것이 중요하다는 것을 잊지 말아야 한다는 다짐
을 한다. 내가 나눌 수 없는 일에 안타까워하기 전에 내가 베풀 수
있는 일에 충심을 다하고 싶다는 생각이 든다.

❋

받는 사람은 받는 것의 크기보다는
주는 사람의 마음에 더 관심을 둔다.

기꺼이 하는 마음 없이 남을 돕고자 하는 것은
진정한 도움이라고 할 수 없다.

❋

훌륭한 조언도
따뜻한 위로만 못하다

"군주를 섬기는 데 (간언을) 일삼으면 곧 모욕을 당하게 되고,

친구에게 (조언을) 일삼으면 곧 소원해질 것이다."

사군수 사욕의 붕우수 사소의事君數 斯辱矣 朋友數 斯疏矣

_《논어》〈이인里仁〉

누구나 알고 있는 상식적인 격언이 때때로 깊은 울림을 준다. 나의 경험과 상황이 격언과 맞물릴 때, 비로소 마음에 담을 수 있게 되는 것이다. 조언도 마찬가지다. 주옥같은 말이라 하더라도 받아들일 마음의 준비가 되지 않은 사람에게는 쓸모없고 공허한 말일 뿐이다. 그래서 조언은 어렵다. 조언하고자 하는 사안에 대해 많이 알고 거리낌 없이 능력을 펼쳐 보일 수 있느냐에 달려 있는 게 아니다. 상대방의 마음과 의견을 잘 맞출 수 있느냐에 달려 있다.

타인의 삶에
참견하고 싶을 때

맹자는 "사람들의 문제는 남의 스승 노릇을 하기 좋아하는 데 있다(인지환 재호위인사人之患 在好為人師)"고 했다. 누군가를 가르치고 조언을 하는 의도는 도움을 주려는 진정성보다는 자신을 과시하려는 욕구가 숨겨져 있다는 뜻이다. 진심으로 상대방을 생각하는 마음보다 내가 우월하다는 것을 과시하기 위한 조언일 때가 더 많다는 것이다.

대개 조언은 자신이 상대방을 더 좋은 삶으로 이끈다는 믿음에서 비롯된다. 그러나 더 좋은 삶이 무엇일까. 내가 생각하는 좋은 삶과 상대방이 생각하는 좋은 삶이 같다고 확신할 수 있을까. 꼭 더 좋은 삶을 살아야 할까라는 물음에 확답할 수 있는 사람이 얼마나 될까. 지금과 다른 방향의 삶을 살고 싶은지, 아니면 지금의 삶에 만족하는지에 대해서는 다른 사람이 판단할 수 없다. 그 삶의 당사자가 스스로 결정해야 하는 문제이기 때문이다. 이미 만족하면서 살고 있는 사람에게 더 노력해보라고 하는 것은 조언이 아니라 폭언이고, 도움을 주는 것이 아니라 오히려 상처를 주는 일이 될 수 있다. 그러므로 상대를 아끼고 존중한다면서 원하지 않는 것을 직접 해결해주거나 쓴소리를 하는 것에 대해 다시 한번 생각해보아야 한다. 다른 사람의 삶이 쉽게 보이는 건 그 사람을 잘 안다기보다는 잘 알지 못하는 것을 의미하기 때문이다.

한비자는 용의 턱 밑에 한 자쯤 되는 비늘(역린逆鱗)이 있는데 그것을 건드리면 반드시 사람을 죽인다고 했다. 그래서 "설득할 때 힘써야 할 점은 상대방이 자랑스러워하는 점은 칭찬해주고 부끄러워하는 부분은 감싸주어야 한다(범설지무 재지식소설지소긍이멸기소치凡說之務 在知飾所說之所矜而滅其所恥)"고 했다. 사람은 모두 나름의 '역린'을 가지고 살아간다. 감추고 싶은 약점이 있는 것이다. 아름다운 조언도 역린을 건드리는 것이 되어버리면 서로 감정만 상하고 불편해진다.《회남자》에서는 "사람들은 그의 결점을 거론하면 남을 원망하지만, 거울이 그의 추한 점을 나타내면 좋은 거울이라고 여긴다(인거기자즉원인 감견기추즉선감人擧其疵則怨人 鑑見其醜則善鑑)"고 했다. 옳은 말이라고 해도 사람이 하는 말에는 쉽게 원망과 미움이 생긴다. 감정이 없는 거울이 하는 쓴소리에는 감사함을 느끼지만 사람의 말은 쉽게 받아들이기가 힘든 법이다.

원치 않는 조언보다는
따뜻한 위로와 응원을

《정관정요貞觀政要》에는 "격하고 절박한 간언은 비방하는 것처럼 보인다(격절즉사산방激切即似訕謗)"는 말이 있다. 진심을 담은 조언일수록 더더욱 비난처럼 들린다는 것이다. 세상에 나 말고도 조언을 하고자 하는 사람은 너무나 많다. 그래서 나는 누군가의 상황이 마뜩잖아도 말을 삼가는 게 낫다고 생각한다. 만약 꼭 해야 할 상황에 처하면, 훈수를 두는 것처럼 보이지 않게 감정을 상하지 않게 하는 선에서 조심스럽게 말하려고 한다. 이렇게 내가 할 수 있는 선에서 멈추는 것이 상대를 위한 조언의 자세다. 조언을 어떻게 받아들일지는 조언을 받은 사람에게 달린 일이다.

　나이가 들수록 자기만의 확고한 세계가 생긴다. 이걸 이해하고 존중해주는 사람과는 친구가 될 수 있지만 사사건건 훈수를 두는 사람은 멀리하고 싶은 게 인지상정이다. 내 삶이 아무리 하찮을지라도 있는 그대로 존중해주는 사람은 고마울 따름이다. 반면 나에게 꼭 맞는 기회를 준다고 해도 함부로 조언을 하는 사람과는 한시도 같이 있고 싶지 않다. 누구나 나이가 들면 들수록 경험에서 오는 나름의 깨달음이 생긴다. 그 깨달음을 다른 사람과 나누고 싶다면 차라리 수첩에 적어서 스스로를 되돌아보는 거울로 삼는 게 낫다. 자칫하면 조언이란 명목으로 포장해 자신을 과시하는 사람처럼 비칠 수 있기 때문이다. 내 삶 전반을 이해하는 사람이 있을 수 없는 것처럼, 나 역시 다른 사람의 삶과 생각을 낱낱이 알 수 없다. 내가 한 조언으로 다른 사람의 삶이 변할 거라고 생각하는 건 오만이다. 누군가의 삶은 바꾸는 것이 아니라 있는 그대로 존중하는 것이다. 아무것도 하지 않는 사람이 진짜 아무것도 하지 않으려는 마음을 가지고 있는지, 그렇지 않은지 내가 어떻게 알 수 있겠는가.

　자공子貢이 사귀는 도리에 대해 묻자 공자는 "충심으로 알려줘서 잘 이끌고, 그것을 할 수 없다면 그만두어 스스로 욕됨을 없게 해야 한다(충고이선도지 불가즉지 무자욕언忠告而善道之 不可則止 毋自辱焉)"고

답했다. 충심이라는 것이 만약 대의를 위한 것이라면 드러내야 하겠지만 일상생활에서 대의라고 정의할 수 있는 일은 그리 많지 않다. 오히려 스스로 욕됨이 없도록 조언을 삼가는 것이 더 중요하다.

내 삶을 음미하다 보면 남의 삶에 신경 쓸 겨를이 없다. 남의 이야기는 진지하게 들어주는 것이 성급하게 훈수를 두는 것보다 관계를 지혜롭게 하는 방법이다. 우리 곁에는 조언보다 위로와 응원이 절박한 하루하루를 보내는 사람이 많을 것이다. 당장 나만 하더라도 그렇다. 내가 나름의 어려움을 겪을 때 묵묵히 내 곁에 있어 주었던 가족이나 친구에게 여전히 고마움을 느끼는 것처럼 나도 누군가가 어려울 때 급하게 해결책을 제시하는 사람보다 믿고 기다려주는 사람이 되고 싶다. 만약 꼭 조언을 해야 한다면 '봄바람이 얼어붙은 대지를 녹이듯, 따스한 기운이 얼음을 녹이듯(여춘풍해동 여화기소빙 如春風解凍 如和氣消冰)' 조심스럽게 해서 마음에 상처를 주는 일이 없게 해야 한다.

✳

내가 했던 조언은 '남을 돕는 말'이 아니라
'나를 높이기 위한 말'이었다.

이제는 시답잖게 도우려고 하기 전에
상대방의 말에 경청하는 자세를 가지려 한다.

✳

완벽한 사람은
존재하지 않는다

"세상에는 흰 여우가 없지만, 순수하게 흰 여우 갖옷은 있다.

여러 가죽 가운데서 흰 것만을 가려 뽑기 때문이다."

천하무순백지호 이유순백지구 철지중백야天下無純白之狐 而有純白之裘 掇之眾白也

_《회남자》〈설산훈說山訓〉

세상에 완전히 하얀 털을 가진 여우는 없다. 단지 사람의 눈으로 보았을 때 흰색에 가까우면 흰 여우가 되고, 노란색에 가까우면 노란 여우가 된다. 자세히 들여다보면 흰 여우에게도 노랗고 어두운 색의 털이 있고, 다른 색의 여우도 마찬가지다. 사람도 다르지 않다. 완벽하게 좋은 사람도, 완벽하게 나쁜 사람도 존재하지 않는다. 대다수는 좋음과 나쁨의 사이 어디쯤에 놓여 있다.

사람의 장점과
단점을 대하는 방법

사람이 좋기도 하고 나쁘기도 하다면 어떤 면을 보면서 사는 게 좋을까. 애석하게도 나는 사람들의 장점보다는 단점을 쉽게 찾아내는 '장점'을 가지고 있었다. 작은 단점으로 한 사람의 전체를 규정하기도 하고 비난하기도 했다. 무엇을 기준으로 그렇게 사람을 판단하고 쉽게 정의내릴 수 있었을까.

공자는 "한 사람에게 완전함을 구하지 말라(무구비어일인無求備於一人)"고 했다. 내가 다른 사람을 비난하고 단점을 들췄던 이유는, 내가 생각하는 완벽한 모습을 한 사람에게서 찾으려는 어리석은 마음 때문이었다. 누군가의 한 면을 보고 비난을 쏟아냈다고 해도 그에게는 칭찬할 수 있는 면이 셀 수 없이 많았을 수도 있다. 혹은 내 판단 자체가 그릇된 것일 수도 있고, 내가 비난했던 그 모습이 다른 누군가에게는 장점으로 받아들여질 수도 있다. 설령 그가 가지고 있는 단점이 누구나 동의하는 단점이라고 해도 그것이 그의 전부라고 할 수는 없다.

제나라의 재상 안연이 제물을 받지 않자 경공景公은 관중管仲의 예를 들면서 받기를 권한다. 그러자 안연은 "성인일지라도 천 번 고려해도 한 번 실수할 때가 있고, 어리석은 자라도 천 번 고려하면 반드시 한 번은 얻는 경우가 있을 수 있다(성인천려 필유일실 우인천려 필유일득聖人千慮 必有一失 愚人千慮 必有一得)"고 말한다. 관중은 비록 제나

라를 반열에 올린 명재상이었지만 사치를 했다는 점에서는 비판을 면치 못했다. 실수가 없는 사람도 없고, 실수만 반복하는 사람도 없다. 관중에게도 단점이 있지만 그 단점 때문에 그의 공적을 모두 부정할 수는 없다. 따라서 사람을 엄격하게 판단하는 것에서 멀어져야 한다.

사람은 저마다
모순을 가지고 있다

순자는 "현자에 대해서는 높여서 존경하고 어리석은 자에 대해서는 조심해서 존경하며, 현자에 대해서는 가까이하여 존성하고 어리석은 자에 대해서는 멀리하여 존경한다(현자즉귀이경지 불초자즉외이경지 현자즉친이경지 불초자즉소이경지賢者則貴而敬之 不肖者則畏而敬之 賢者則親而敬之 不肖者則疏而敬之)"라고 했다. 성인은 가까이 존중하고 소인은 멀리 존중하라는 뜻이다. 누구나 성인과 소인의 모습이 있다. 완벽하게 성인이라고 할 수 있는 사람도 완벽하게 소인의 태도를 가진 사람도 본 적이 없다.

순자는 어쩌면 군자와 소인이 완벽하게 나뉘질 수 있다고 생각했을지도 모르겠다. 하지만 나는 누군가의 장점을 보면 가까이 존중해서 배우기를 게을리하지 말고, 누군가의 단점을 보면 그게 그의 전부는 아니니 여전히 존중하는 마음을 가져야 한다는 뜻으로 이해하고 싶다. 완벽한 사람도 없고, 또 완벽하게 부족한 사람도 없다. 어떤 사람이 가진 장점과 단점을 보고 지나치게 고무될 필요도, 지나치게 실망할 필요도 없다.

굴원屈原은 청렴하고 고결한 삶을 살았다고 한다. 사마천은 굴원을 "(연꽃처럼) 깨끗하여 진흙 속에 있으면서도 더러워지지 않은 사람이다. 이러한 그의 지조는 해와 달과 그 빛을 다툴 만하다(작연니이불재자야 추차지야 수여일월쟁광가야皭然泥而不滓者也 推此志也 雖與日月爭光可也)"라고 평가한다. 하지만 완벽한 사람이 없는 것처럼 깨끗하기만 한 세상도 없다. 세상은 본래 더러움과 깨끗함이 공존하는 곳이다. 이런 관점에서 본다면 간신들의 모함을 받아 파직당한 굴원이 유배 생활 중 굴욕을 견디지 못하고 스스로 목숨을 버린 것은 청렴함을 내세운 탐욕이라고도 볼 수 있다. 사람을 판단할 때 지나치게 엄격하다 보면 세상에서 좋은 사람을 찾는 일은 불가능하다. 굴원이 깨끗한 세상을 찾다가 세상을 떠난 것처럼 완전무결한 사람만 찾다 보면 관계를 모두 끊어버리는 지경에 이를 수 있다.

장자는 "준엄한 마음으로 고고하게 행동하고, 세상에서 떠나 속습에 등을 돌린 채 고상한 논의를 하며 세상을 원망하고 헐뜯는다 함은 거만한 태도를 보이는 것일 뿐이다(각의상행 이세이속 고론원비 위항이이의刻意尚行 離世異俗 高論怨誹 為亢而已矣)"라고 했다. 고개를 돌려 깨끗한 것만 바라본다고 해서 자기도 고결하다고 할 수 없다. 스스로 고상하다고 생각하며 다른 사람의 부족함을 비웃고 멀리하는 것은 오만한 태도이기 때문이다. 사회에서도 마찬가지이다. 부조리 등에 맞서 일말의 실천도 하지 않으면서 앞장서 행동하는 사람의 잘못만 찾아내고 헐뜯는 건 건강한 태도가 아니다.

《논어》에는 "모두가 그를 미워하더라도 반드시 살펴보아야 하고, 모두가 그를 좋아하더라도 반드시 살펴보아야 한다(중오지 필찰언 중호지 필찰언衆惡之 必察焉 衆好之 必察焉)"는 조언이 나온다. 모두 미워하는 사람에게도 나름의 장점이 있고, 모두 좋아하는 사람에게도 반드시 단점이 있다. 어쩌면 모든 사람에게 칭찬을 듣는 건 위험한 일일지도 모른다. 거짓됨 없이 완전하게 보이는 것은 불가능하기 때문이다. 절대적으로 판단하는 것은 언제나 잘못된 길로 가게 마련이다.

《명심보감》의 "물이 너무 맑으면 사는 고기가 없고, 너무 따지면 주변에 사람이 없다(수지청즉무어 인지찰즉무도水至清則無魚 人至察則無徒)"라는 말은 여전히 의미가 깊다. 물이 너무 맑으면 물고기가 먹을 수 있는 벌레나 풀들이 살아갈 수 없고, 너무 혼탁해도 그럴 것이다. 세상에 순수하게 흰 여우가 없듯이 완벽한 사람 역시 존재하지 않는다.

＊

사람은 저마다 어느 정도 모순을 가지고 있다.

단점보다는 장점을 먼저 살펴야 한다.

＊

예의는 나를
빛나게 한다

"하늘에 해와 달보다 더 밝은 것은 없고, 땅에 물과 불보다 더 밝은 것은 없으며,

물건에 주옥보다 더 밝은 것은 없고, 사람에게 예의보다 더 밝은 것은 없다."

재천자막명어일월 재지자막명어수화 재물자막명어주옥 재인자막명어예의

在天者莫明於日月 在地者莫明於水火 在物者莫明於珠玉 在人者莫明於禮儀

_《순자》〈천론〉

하늘을 밝히는 것은 해와 달이며, 땅을 밝히는 것은 물과 불이고, 주옥보다 더 밝은 물건이 없다고 한다. 이와 마찬가지로 사람을 빛나게 하는 것 중에 예의보다 더 밝은 것은 없다. 예의는 사람이 가지고 있는 마음을 표현하는 방법이다. 좋은 사람이 되기 위해서는 좋은 마음을 가져야 할 뿐만 아니라, 제대로 나타낼 줄 알아야 한다. 예의는 사람이라면 여전히 갖추고 따져보아야 하는 미덕이다.

예의의 의미를
다시 생각해본다

＼

노담老聃이 무지無趾에게 공자에 대해 말했다. "그냥 그로 하여금 죽음과 삶이 한 줄기로 이어져 있고, 허용될 수 있는 것과 허용될 수 없는 것이 한 줄로 꿰어져 있음을 인식하게 하는 것이 어떻겠소? 틀림없이 그를 속박하는 족쇄와 수갑을 푸는 것이 가능할 것이오(호부직사피이사생위일조 이가불가위일관자 해기질곡 기가호胡不直使彼以死生為一條 以可不可為一貫者 解其桎梏 其可乎)." 장자는 공자가 스스로 하늘의 형벌을 받고 속박을 자처했다고 비난했다. 그가 생각하기에 도道라는 것은 물처럼 자연스럽게 흘러가고 땅의 윤곽선에 맞게 채워지는 것이지 인위적인 어떤 것을 가하는 것이 아니기 때문이다. 그래서 예의가 비록 세속적인 사람들 사이에서 처신하는 방법이라 해도 그것이 도, 즉 사람이 가야 할 길은 아니라고 말한다. 노자는 예의를 진실된 감정을 감추고 거짓되게 꾸미는 것이라고 여겼기 때문이다.

하지만 도를 깨우친 성인이 아니고는 흐르는 물처럼 가야 할 길을 찾아갈 사람은 많지 않다. 나 같은 세속적인 사람은 필요 이상으로 모든 것이 느슨해질 때, 기분 내키는 대로 행동할 때 감정이 남지 않는다. 만약 예의라는 것을 겉치레라고 여겨서 던져버리고 사소한 감정도 거리낌 없이 드러낸다면 진정한 삶의 길이 열릴까.

아무리 정당한 이유라고 해도 예의 없이 굴었다면, 그 상황이 머릿속에서 떠나지 않고 자꾸 맴돈다. 반대로 치밀어 오르는 화를 참고 끝까지 예의를 지켰다면, 비록 그 과정이 힘들었더라도 끝내는 쉽게 털어버릴 수 있다. 감정을 조절하면 제멋대로 행동했을 때보다 마음속에 자질구레한 감정이 남지 않는다. 남에게 어떤 허위의 모습을 보이기 위해서가 아니라 내 마음을 지키기 위해서 예의를 갖추는 것이 그러지 않은 경우보다 낫다.

항상 예의를
지켜야 하는 이유

나보다 위에 있는 것을 인정하고 예의를 갖추는 건 나를 낮추는 게 아니라 나를 거기까지 높이는 일이다. 높은 것을 깎아내리면 나도 스스로를 높일 수 없을 뿐만 아니라, 남에게도 나에 대한 존중을 바랄 수 없게 된다. 높고 낮음을 떠나서 누구에게나 지나침 없이 예의를 갖출 수 있다면 그 누구보다 나에게 나에 대한 좋은 인상을 남길 수 있다. 예의 없이 행동하는 자신의 모습을 보고도 흡족함이나 뿌듯함을 느끼는 사람은 별로 없을 테니 말이다. 결국 예의는 남을 위해서가 아니라 내 마음을 정돈하고 안정시키기 위해 놓지 않아야 하는 삶의 기본이라는 생각이 든다.

《근사록》에서는 "고요함과 바름은 서로 거처함이 오래갈 수 있는 도리이다. 허물없이 가까이 지내면 장난하고 업신여겨 서로 어긋남이 생기게 된다(정정 내상처가구지도 설압 즉완모괴리소자생靜正 乃相處可久之道 媟狎 則玩侮乖離所自生)"고 말한다. 형제간의 도리를 말하고 있지만, 모든 관계에서 귀담아 새겨야 할 태도이다. 어긋남은 나쁜 관계가 아니라 오히려 가까운 관계에서 쉽게 생긴다. 아무리 가까운 사이라고 해도 적절한 예의를 갖추고 서로를 존중하는 마음을 가져야 한다. 그러지 않으면 서로 해가 되고 결국 멀어지는 사이가 되고 만다.

　나이가 들면 들수록 서로의 속마음을 알 길이 없다. 그래서 아무리 속깊고 따뜻하다 해도 무례한 태도를 보이는 사람보다 적당한 예의를 갖춘 사람이 되는 게 낫겠다는 생각이 든다. 잠깐의 만남이라도 서로를 기쁘게 할 수 있는 것은 예의밖에 없다. 예의가 고루하고 권위적으로 느껴지고 어떤 굴레처럼 여겨지기도 하지만 서로에게 존중을 바라는 마음은 여전히 누구나 바라마지 않는 태도다.

　공자는 "예가 아니면 보지 말고, 예가 아니면 듣지 말며, 예가 아니면 말하지 말고, 예가 아니면 움직이지 말라(비례물시 비례물청 비례물언 비례물동非禮勿視 非禮勿聽 非禮勿言 非禮勿動)"고 했다. 공자는 예의에 대한 자기반성은 지나침이 없다고 생각했던 것 같다. 공자의 이런 말이 조금 답답하고 불편하게 들릴 수도 있다. 지나친 강조가 오히려 반발심을 일으키기도 하는 것이다. 《회남자》에는 "시의 과실은 편벽한 것이고, 음악의 과실은 풍자하는 것이고, 예절의 과실은 책망하는 것이다(시지실벽 악지실자 예지실책詩之失僻 樂之失刺 禮之失責)"라는 말이 나온다. 공자가 강조하듯이 예의는 소중한 가치이지만 그럼에도 내가 아닌 남에게 지나치게 바라면 문제가 된다는 것을 잊지 말아야 한다. 자신이 가진 예의의 잣대로 타인의 행동을 엄격하게 따지고 책망하는 것은 예의가 가질 수 있는 가장 큰 문제점이기 때문이다.

누군가에게 예의를 강요하기보다 내가 어떻게 하면 적절하게 예의 바른 태도를 갖춘 사람이 될 수 있을지 고민하는 게 우선이다. 나는 예의를 통해 나 자신에 흡족한 마음을 가지고 싶고, 이를 통해 다른 사람에게도 대체로 좋은 사람임을 알리고 싶다는 생각을 한다. 예의가 그 무엇보다 나를 빛나게 해줄 것을 알기 때문이다.

＊

타인에게 무례하게 대할수록 스스로 저열해질 뿐이다.

예의는 타인에게 강요하는 것이 아니라,

오직 나에 대해서만 경계해야 하는 미덕이다.

＊

비방의 끝에는
실망만 남는다

"여러 사람의 입은 무쇠도 녹일 수 있고,

헐뜯는 말이 쌓이고 쌓이면 뼈라도 녹일 수 있다."

중구삭금 적훼소골야衆口鑠金 積毀銷骨也

_《사기》〈노중련추양열전魯仲連鄒陽列傳〉

　　여러 사람의 입은 불보다도 뜨거워서 무쇠도 녹일 수 있고, 남을 헐뜯는 말이 쌓이면 그 사람의 뼈뿐만 아니라 영혼도 녹일 수 있다. 사소하고 가벼운 농담이라도 입에서 입으로 전해지기 시작하면 처음 시작한 사람조차 멈출 수 없는 지경에 이른다. 이처럼 말은 언제나 내가 쳐놓은 울타리 밖으로 나간다. 그래서 울타리를 쌓는 노력보다 중요한 것은 애초에 울타리 밖으로 나가 문제가 될 말을 하지 않는 것이다. 남에 대해 좋지 않은 말을 하면 듣는 사람뿐만 아니라 그 말을 하는 나한테도 비슷한 감정이 고인다. 내가 원하든 원하

지 않았든 남을 헐뜯는 데 시간을 보내고 나면 나도 스스로에 대해
부끄러운 마음을 가지지 않을 수 없다.

세 사람의 말이면
거짓도 진실이 된다

《전국책戰國策》의 〈위책魏策〉에는 '대량大梁의 호랑이'에 관한 이
야기가 나온다. 위魏나라의 신하 방총龐葱이 태자와 함께 조趙나라의
수도인 한단邯鄲에 인질로 가게 되었다. 이때 방총이 위혜왕魏惠王에
게 물었다. "지금 어떤 사람이 대량 거리에 호랑이가 나왔다고 하면
이를 믿겠습니까?" 왕은 믿지 않는다고 대답한다. "두 사람이 와서
말하면 이를 믿겠습니까"라고 다시 묻자 한번 의심해볼 것이라고
대답한다. "세 사람이 와서 말하면 이를 믿겠습니까"라고 재차 묻자
왕은 결국 그 말을 믿겠다고 대답한다. 거리 한복판에 호랑이가 있
을 리 없다는 것은 뻔한 사실이지만 세 사람의 말로 거짓이 사실이
되어버리는 것이다. 방총은 먼 곳으로 떠나면서 자신을 헐뜯는 사
람이 세 사람은 넘을 것이니 잘 살펴보라고 당부했다. 그러나 방총
이 조나라에 도착하기도 전에 이미 그에 대한 참언이 왕의 귀에 들
어갔고, 훗날 태자는 인질에서 풀려 귀환할 수 있었지만 방총은 끝
내 왕을 만날 수 없었다.

이와 비슷한 이야기가 《사기》에도 나온다. 공자의 제자이자 효
자로 유명한 증삼曾參이 비읍費邑에 있을 때 노魯나라 사람 가운데 증

삼과 이름과 성이 똑같은 자가 사람을 죽인 일이 있었다. 어떤 사람이 "증삼이 사람을 죽였습니다"라고 했지만 증삼의 어머니는 조금의 흔들림도 없이 베를 짰다. 조금 뒤에 또 한 사람이 "증삼이 사람을 죽였습니다"라고 했지만 여전히 베를 짰다. 그러나 또다시 사람이 와서 "증삼이 사람을 죽였습니다"라고 하자 베를 짜던 북을 내던지고 담을 넘어 달아났다고 하는 이야기이다. 얼토당토않은 말도 몇 번 들으면 순식간에 믿음이 생긴다. 충신이 간신이 되고, 효자가 살인범이 되는 일도 이렇게 손바닥 뒤집듯 쉽다. 하물며 가벼운 비방도 당하는 사람에게는 얼마만큼의 무게가 될지 모를 일이다.

남의 흉을 보고도
개운한 사람은 없다

＼

때로는 원하지 않아도 남을 비방하는 데 휩쓸리기도 한다. 상대방의 기분을 맞추고 대화를 이어가기 위해서 상대와 비슷한 주제를 꺼내야 한다는 생각에서 벌어지는 일이다. 남을 비방하고 비교하는 데 열을 올리는 사람과 있으면 나도 모르게 쓸데없는 말들을 하게 된다. 내가 원하지 않는 대화를 이어갔다고 해도 남을 비난하는 데 동조했다는 사실은 변하지 않는다. 노자는 "말에는 근원이 있고, 일에는 주재자가 있다(언유종 사유군言有宗 事有君)"고 했다. 대화를 이어나가기 위해 했던 말들은 누가 나에게 알려준 것이 아니고 내 마음에서 우러나온 것이다. 아무리 가벼운 대화였다고 해도 지저분한 마음을 드러내고 부채질한 것은 나 자신이다.

　시작이 어찌 되었든 다른 사람의 험담을 하는 자리가 끝나고 나면 기분이 좋지 않다. 아무리 험담하기를 좋아하는 사람이 있다고 해도 험담을 한 이후에도 기분이 좋은 사람은 많지 않을 것이다. 남을 헐뜯는 데 시간을 보낸 뒤 뿌듯하고 기쁜 마음이 들기란 힘든 일이기 때문이다. 그래서 비방의 끝에는 나 자신에 대한, 어떤 방법으로도 지워지지 않는 실망이 남는다.

　매번 분위기에 휩쓸려 남의 흉을 보기만 하는 건 아니다. 내가 먼저 나서서 험담을 늘어놓거나 칭찬할 때도 있다. 그러나 아무리 좋은 말이라도 달리 들릴 수 있다. 사람들은 우직한 사람에게 무식하다고 비난하기도 하고, 약삭빠른 사람에게 똑똑하다고 칭찬하기도 한다. 내가 아무리 호의를 가지고 한 말이라고 해도 듣는 사람이 좋지 않게 받아들일 수도 있다. 반대로 내가 남의 험담을 했을 때, 듣는 사람이 현명한 사람이라면 남을 비방하는 나의 모습에 아쉬움을 느낄지도 모를 일이다. 그리고 그것이 다른 사람에게 전해지면서 검은색이 흰색이 되고 흰색이 검은색이 되지 않을 거라고 장담할 수 없다.

자신에게 집중하는 사람은
험담을 하지 않는다

　자리에 없는 사람에 대해 이야기를 나누는 것은 진짜 중요한 나를 잃어버리는 것이다. 자기 자신에게 관심을 기울이는 사람은 다른 사람에게 별다른 관심을 보이지 않는다. 이런 사람을 이기적이라고 할 수는 없다. 남의 이야기만 늘어놓는 것이 이타적이지 않은 것처럼 말이다. 자기의 삶을 소중히 하는 진실된 마음을 가지면 있지도 않은 타인을 두고 이러쿵저러쿵 말할 필요를 느끼지 못한다. 그러니 그 누구보다도 지금 나와 함께 시간을 보내는 사람에게 집중하는 것이 지혜로운 방법인 것 같다.

묵자는 "푸른색에 물들이면 푸른빛이 나고 노란색에 물들이면 노란빛이 나니, 물들이는 바의 것이 변하면 그 색깔 역시 변한다(염어창즉창 염어황즉황 소이입자변 기색역변染於蒼則蒼 染於黃則黃 所以入者變 其色亦變)"고 했다. 남에게 물들기 쉬운 이유는 내가 본래 물들기 쉬운 색을 가졌다는 의미이다. 그러니 남보다 나에게 관심을 가지고 타인에 의해 쉽게 물들지 않는, 스스로를 돌아보는 사람이 되어야 한다는 생각이 든다.

다른 사람에 대해 쉽게 하는 이야기들이 쌓이면 무쇠도 녹일 수 있고, 뼈도 녹일 수 있다. 허무맹랑한 말들은 어느새 진실이 되어서 아무 상관없는 사람을 괴롭히고 나 자신을 좋지 않은 사람으로 만든다. 내가 남에 대해 했던 말에 언제나 무거운 반성의 마음을 가져야 한다는 생각이 든다. 그리고 마음이 더 무거워지기 전에 좋은 것이든 나쁜 것이든 남에 대한 이야기는 최대한 삼가야겠다는 생각을 해본다.

❋

내가 가진 색이 분명하면
다른 사람의 색에 쉽게 물들지 않는다.

타인에 대한 좋지 않은 말들을 뿌리치기 어렵다면
내 마음부터 돌아봐야 한다.

❋

37일차

가족 간에는
이해득실을 따지지 말라

> "위하는 바가 없으면서 하는 것이 의리이다.
>
> 위하는 바가 있어서 하는 것이 이익이다."
>
> 무소위이위지자 의야 유소위이위지자 리야無所為而為之者 義也 有所為而為之者 利也
>
> _《근사록》〈출처出處〉

이해利害는 내가 무엇을 주었는지, 내가 그에 합당한 것을 받았는지를 끊임없이 따지고 비교하는 것이다. 의리는 그러한 이해를 따지지 않고 마땅히 그렇게 해야 한다고 여기는 것이다. 그렇기 때문에 의리에는 타인에 대한 생각은 없다. 어떤 보답을 바라서가 아니라, 나의 마음이 그렇게 하길 원하기 때문에 그렇게 하는 것이다. 의리는 나를 희생하는 것처럼 보이지만 내가 좋다고 여기는 일을 하는 것이기 때문에 희생이 아니라 기쁨이고 즐거움이 될 수 있다.

가족, 이해관계가 아닌
의리의 관계

가족은 이익에 따라 관계하는 것이 아니라 당연히 그렇게 해야 하기 때문에 돕는 것이라고 한다. 어떻게 받아들이냐에 따라서 부정적으로 느껴질 수도 있지만, 가족은 서로 고마워해야 할 것도 없고 보답해야 할 것도 없는 관계라는 것이다. 《채근담》에 이르기를 "어버이가 자식을 사랑하고 자식이 어버이께 효도하며 형이 아우를 아끼고 아우가 형을 공경하는 것은 비록 아주 잘 해내었다고 해도, 마땅히 그렇게 해야 하는 것이므로 털끝만큼도 감격스럽게 생각할 것이 못 된다. 만일 베푼 자가 생색을 내거나 받은 자가 갚아야 한다는 생각을 지닌다면, 이것은 아무 관계도 없는 남남 간의 일이요, 이익을 좇는 시정잡배나 하는 짓이다(부자자효 형우제공 종주도극처 구시합당여차 저부득일호감격적염두 여시자임덕 수자회은 변시로인 변성시도의 父慈子孝 兄友弟恭 縱做到極處 俱是合當如此 著不得一豪感激的念頭 如施者任德 受者懷恩 便是路人 便成市道矣)"라고 했다. 가족 간에 서로 도움을 주었는데 생색을 내고 고마운 마음을 받으려고 한다면, 그것은 '의리義理'이 아니라 '시장에서 이루어지는 교제市道'라는 것이다.

가족에게 받는 고마움은 갚을 수 있는 정도의 크기가 아니다. 갚아야 한다고 생각하면 감사한 마음보다는 오히려 부담스러운 마음이 들 수밖에 없다. 일일이 감사하는 마음을 갖는 것은 이익을 따지는 관계에서는 가능한 일이다. 감사와 마찬가지로 잘못에 대해서도 가족은 다른 사람들과의 관계와는 다르다고 한다. 장자는 "저자에서 남의 발을 밟으면 죄송하다고 사죄하지만, 형이 동생의 발을 밟았을 때는 따뜻한 눈길로 보아주면 되고, 어버이가 밟았을 때는 아무 말이 없어도 된다(전시인지족 즉사이방오 형즉이구 대친즉이의蹞市人之足 則辭以放驚 兄則以嫗 大親則已矣)"고 했다. 작은 실수라도 가족이 아닌 사람에게는 사과해야 하지만 가족 간에는 지나치게 따지는 게 아니라는 것이다. 가족의 작은 실수는 사과하지 않아야 한다는 것이 아니라, 책망보다는 용서가 우선되어야 한다는 의미이다. 시장에서는 이로움이든 해로움이든 철저하게 주고받는 것이 기본이 되어야 한다. 그러나 길거리의 이치를 집 안으로까지 가지고 들어오는 것은 사람이 할 일이 아니다.

사회의 가치관이 달라지고, 가족의 역할이 느슨해졌다고 하더라도 세상의 법칙을 똑같이 가정에까지 적용하는 것은 너무나 각박하고 피곤하다. 내가 부족한 점이 있더라도 그와 상관없이 나를 아껴줄 수 있고, 나 또한 어떤 상황에서도 마땅히 포기하지 않는 관계가 가족이다. 가족은 이해관계가 아니라 의리의 관계이기 때문이다.

가족은 계산 없이
보듬어주는 존재

공자는 "이익에 의거하여 행동하면 원한이 많아진다(방어리이행 다원放於利而行 多怨)"고 했다. 가족을 벗어난 관계에서조차 이익만 따지면서 살다 보면 항상 불만이 쌓인다. 내가 뭔가를 주었기 때문에 그만큼 받아야 한다고 생각하면 그로 인해 고통받는 것은 타인이 아니고 나 자신이다. 주는 것은 내가 통제할 수 있지만 준 만큼 되돌려 받는 건 내 뜻대로 되는 일이 아니기 때문이다. 배우자와의 관계에서 이익을 따지는 게 나한테 이로운 일일까. 얻음과 잃음에 대해 일일이 계산하며 산다면 지나치게 원망하거나 혹은 지나치게 미안한 마음을 가지게 될 것이다. 얻음과 잃음이 완벽하게 같아지는 순간은 찾아오지 않기 때문이다. 결국 서로 피폐해지는 일이다.

　자식에게 얼마나 이로운 일을 했는지 따져보는 게 과연 옳은 일일까. 나의 보살핌과 지원을 자랑하는 일은 아이에게 그 보살핌을 부담스럽고 불편하게 느끼게 할 뿐이다. 나의 헌신을 직접 언급하는 것은 아이에게 우리가 의리가 아닌 이익 관계라고 인식하게 만들기 때문이다. 《근사록》에는 "사람이 공정하게 하려는 마음을 가지면 이미 사사로운 마음이다(공자천리지자연 유의위지 즉계교안배 즉시사의公者天理之自然 有意為之 則計較安排 即是私意)"라는 말이 나온다. 자식에게 물질적으로든 정서적으로든 공정하게 대하려고 인위적인 노력을 기울이는 것은 자연스러운 것이 아니라 이미 사사로운 행동이라는 것이다. 자식에 대한 사랑은 의도적으로 계산하고 안배하는 것이 아니라, 마음에서 자연스럽게 우러나는 것이기 때문에 애초에 공정하겠다는 마음이 자리 잡을 수 없다는 뜻이다.

　동중서董仲舒는 "어진 사람은 마땅히 해야 할 일을 바르게 행할 뿐 그 일에 대한 이익 여부를 따지지 않으며, 사물의 당연한 이치를 밝힐 뿐 그 결과를 계산하지 않는다(인인자 정기의 불모기리 명기도 불계기공仁人者 正其誼 不謀其利 明其道 不計其功)"고 했다. 가족 간의 관계는 사회적인 가치로 매길 수 없다. 마땅히 서로 그러해야 하는 것이지 계산하는 관계가 아니라는 것이다. 가족에게 있어 의리는 서로 바라지 않고 함께 있는 것만으로도 감사할 줄 아는 소중한 마음이다. 의리란 서로의 잘못을 드러내며 비난하는 것이 아니라 감싸주고 보듬어주는 태도이다. 의리라는 말은 때로는 남남의 관계가 가족처럼 가깝고 끈끈하다는 뜻으로 쓰이기도 한다. 이 또한 나름의 의미가 있지만 먼 곳에서 찾기 이전에 당연하게 지켜져야 하는 곳에서 잘 지켜야 하는 것이 우선이다.

✳

가족 안에서도 의리가 아니라 이해가 작동한다면
도대체 어디에서 편안하게 쉴 수 있을까.

가정은 이해를 따지는 곳이 아니라
어떤 상황에서도 보듬을 수 있는 공간이 되어야 한다.

✳

나를 믿지 못하는 데서
의심이 생긴다

"다른 사람을 믿는 것은, 그 사람이 반드시 진실해서가 아니라

자기 자신이 진실하기 때문이다. 다른 사람을 의심하는 것은,

그 사람이 반드시 속여서가 아니라 자기 자신이 먼저 속이기 때문이다."

신인자 인미필진성 기즉독성의 의인자 인미필개사 기즉선사의

信人者 人未必盡誠 己則獨誠矣 疑人者 人未必皆詐 己則先詐矣

_《채근담》

말하는 대로 믿을지, 아니면 그 안에 다른 것이 있는지 의심할
지는 오롯이 나의 선택이다. 내가 진실한 사람이라면 다른 사람도
마찬가지로 진실하게 보이고, 내가 표리부동하면 다른 사람에게도
같은 모습을 바라는 데 그친다. 사람에게 어디까지 진실함을 바라
야 할지가 문제가 아니라 스스로 얼마나 진실한 사람이 될지가 중
요하다. 내가 나를 속이면 세상 모두가 나를 속일 거라고 의심할 수
밖에 없다. 결국 누군가를 의심할 때는 나 자신에게 믿음이 없는 것
을 먼저 걱정해야 한다.

자꾸 의심하는
마음이 든다면

누군가 나를 믿어주지 않으면 원망스러운 마음이 생긴다. 내가 아무리 노력해도 의심을 거두지 않는 사람도 있다. 그 사람은 본래 나를 의심하고자 하는 마음을 가지고 있기 때문에 그에 대해 다른 것을 기대할 수는 없다. 나도 마찬가지다. 남을 신뢰하지 못하는 건 그 사람 자체의 문제이기보다는 나 자신을 의심으로 채워서 생긴 결과일 뿐이다. 내 마음을 믿음으로 채우지 않으면 상대방의 어떤 모습을 봐도 진정성을 찾지 못한다. 내가 진실하면 다른 사람의 진실한 모습이 보이고, 내가 나를 속이고 남을 속이는 사람이라면 상대방에게도 그것을 바랄 수밖에 없기 때문이다. 그래서 남을 의심하는 마음이 들 때는 남보다 내 마음을 먼저 들여다보아야 한다.

《한비자》에 재미있는 고사가 나온다. 아버지가 결혼하는 딸에게 이혼을 할 수도 있으니 몰래 돈을 모으라고 했다. 이 사실을 알게 된 시집 식구들은 며느리를 내쫓았고, 돈을 많이 모아서 돌아온 딸을 보고 아버지는 기뻐한다. 자기의 예상이 맞았고, 또 그에 대한 대비도 잘되었기 때문이다. 애초에 아버지는 딸이 결혼생활을 잘하지 못하고 쫓겨날 거라고 예상했고, 딸도 그에 맞게 돈을 모은 것이다. 반대로 결혼생활을 잘할 거라고 믿었다면, 딸은 몰래 돈을 모으기보다 다른 데 더 많은 노력을 기울였을 것이다. 그러니까 예상한 바가 옳았던 것이 아니라 의심하는 마음이 그에 걸맞은 결과를 가져온 것이다.

전국시대 말 연燕나라 태자 단丹은 형가荊軻를 시켜 진시황을 시해하려고 했지만 실패한다. 사마천은 형가가 진시황을 죽이려 할 때, "흰 무지개가 해를 꿰뚫었을 정도로 단의 의로움을 사모하였다(석자형가모연단지의 백홍관일昔者荊軻慕燕丹之义 白虹貫日)"고 말했다. 그러나 단은 애초에 형가를 의심하는 마음을 품고 있었고, 끝내 시해 계획이 실패하고 말았던 것이다. 그래서 사마천은 단의 계획이 실패한 것은 형가를 의심하는 마음에서 비롯된 것이라고 평가한다.

믿음이 세상을
살 만한 곳으로 만든다

《근사록》에는 "일을 예측하는 것을 현명하다고 생각하면 곧 남이 속이지 않을까 하고 미리 상상하고, 믿을 만한 사람이 아니라고 미리 억측하는 데로 점점 이끌려 들어가게 된다(인이료사위명 변침침입역사억불신거야人以料事為明 便駸駸入逆詐億不信去也)"는 구절이 있다. 세상일은 모두 예측할 수 있는 게 아니다. 의심은 일을 예견하는 현명한 태도가 아니라 일을 더욱 어긋나게 만든다. 다른 사람의 마음속에 다른 의도가 있다고 생각하면 내 마음은 언제나 의혹과 억측으로 쉽게 기운다. 그래서 믿을 수 있는지 없는지는 미리 판단할 필요가 없다. 의심스러운 사람도 믿음을 보여주면 마음이 바뀔 수도 있고, 본래 믿을 만한 사람도 믿음을 얻지 못하면 믿지 못할 사람이 되기도 한다. 믿지 못하는 것은 일이 생기기 전에 이루어지는 것이 아니라, 어떤 분명한 일이 드러났을 때 생겨야 하는 감정이다. 의심은 사전事前이 아니라 사후事後에 이루어져야 하는 것이다.

실체보다 중요한 것은 믿음이다. 다른 사람이 말하는 그대로 믿는 것. 그 이면에 대해서 아무런 의심을 하지 않으면 없는 것도 있도록 만들고, 있는 것도 없는 것으로 만드는 힘을 가진다. 진실성에 대해 따지지 않고 순수하게 받아들이는 마음은 나 자신을 비롯해 다른 사람도 변화시키는 힘을 가지기 때문이다. 나를 믿음직스럽게 만드는 것은 결국 타인이 아니라 내 마음의 태도이다. 사람을 믿느냐 마느냐는 다른 누구를 위해서가 아니라 나를 위해서 생각해보아야 하는 문제다.

사실 내면이라는 것은 고정된 것이 아니다. 그러나 나뿐만 아니라 다른 사람의 마음도 좋은 쪽으로 고정시키면 분명히 누구에게나 좋은 것이 될 것이라고 믿을 뿐이다. 그래서 나는 언제나 나에게 유리한 방향으로 살고자 한다. 내가 우선이 되는 것, 내가 스스로 행복을 느낄 수 있는 것이 무엇보다 중요하기 때문이다. 언제나 내 마음을 거짓보다는 진실한 것으로 채우고자 한다. 그런 믿음이 가족이나 친구들에게도 좋은 영향을 미칠 것이라고 믿는다. 그래서 우선은 보이는 대로, 말하는 대로 믿고자 한다. 사람에 대한 믿음뿐만 아니라 오늘 하루도 좋은 일이 있을 거라고 믿는 게 쓸데없는 걱정을 앞세우는 것보다 낫다. 좋지 않은 일은 일어난 후에 생각해도 늦지 않기 때문이다.

《주역》의 64괘 중 친밀함을 나타내는 '비괘比卦'에는 "믿음을 질그릇에 가득 채우면, 결국에는 뜻하지 않은 길함이 온다(유부영부 종래유타길有孚盈缶 終來有他吉)"는 말이 있다. 믿음이라는 것이 예상할 수 없는 좋은 결과를 가져온다는 뜻이다.

《회남자》에는 "맑은 것을 밝은 것으로 삼으면 술잔의 물에도 눈동자가 보이고, 탁한 것을 어두운 것으로 삼으면 하수에서는 태산도 보지 못한다(청지위명 배수견모자 탁지위암 하수불견태산清之為明 杯水見眸子 濁之為闇 河水不見太山)"라는 말이 있다. 내 눈이 맑으면 술잔에 비친 눈동자도 볼 수 있고, 내 눈이 탁하면 거대한 산도 보이지 않는다는 것이다. 크기가 작은 것이든 큰 것이든 마음을 믿음으로 채우면 좋은 것들이 더 많이 눈에 띌 것이다.

의심할 만한 사람인지 그렇지 않은 사람인지는 그 사람이 아닌 내 마음에 달린 것이다. 내가 스스로 진실한 사람이 되고자 노력하는 것이 다른 사람에 대해 이런저런 억측을 하는 것보다 언제나 중시되어야 하는 태도다.

❋

다른 사람을 의심의 눈으로 비추면
내가 볼 수 있는 것은 오직 의심뿐이다.

그에게서 진실함을 찾을 수 없다면
먼저 나에게 진실함이 있는지 돌아봐야 한다.

❋

도움받는 것을
부끄러워하지 말라

> "현명한 사람들은 남에게 의지하기 때문에 나이가 들어도 쇠약해지지 않고,
>
> 지혜가 다해도 혼란에 빠지지 않는다."
>
> 현자임인 고연로이불쇠 지진이불란賢者任人 故年老而不衰 智盡而不亂
>
> _《열자》〈설부〉

살아가면서 줄 수 있는 것보다 받아야 하는 게 많다는 건 안타까운 일이다. 누구나 남에게 더 많은 것을 줄 수 있는 삶을 꿈꾼다. 그래서 사람들은 대개 자신에게 도움을 주는 사람보다 자신이 도울 수 있는 사람을 더 사랑한다. 타인에게 의지하며 사는 것을 좋은 삶이라고 정의하는 사람이 얼마나 될까. 하지만 또 누군가에게 의지하지 않고 혼자만의 힘으로만 사는 사람이 실제 있기나 한 걸까. 사람은 저마다 독립적으로 보이지만 실제로는 독립적이지 않다. 또한 한 사람이 가진 힘과 지혜는 아무리 대단하다고 할지라도 언젠가는

한계에 다다른다. 나이가 들어도 쇠약해지지 않고, 지혜가 다해도 혼란에 빠지지 않는 길을 가는 사람은 없다. 그래서 열자는 남에게 힘과 지혜를 의지하는 것은 어리석은 게 아니라 현명한 태도라고 했다. 기꺼이 다른 사람들의 지혜를 얻고, 혼자 해결할 수 없는 일이 생겼을 때 용감하게 도움을 요청할 수 있는 게 지혜로운 삶을 사는 방법이다.

혼자 힘으로
사는 사람은 없다

다른 사람에게 작은 도움이라도 줄 수 있으면 뿌듯하고 기쁘다. 미약하나마 내가 가지고 있는 능력을 입증하는 일이기 때문이다. 반대로 내가 다른 사람의 도움을 받는 것은 나의 부족함을 확인하는 일이다. 특히나 내가 갚을 수 없는 도움을 받았을 때는 오랫동안 마음에 남는다. 다른 사람의 도움을 기꺼이 받을 줄 모르면, 감사한 마음 안에 미안한 마음이 앙금처럼 남는다. 이 미안한 마음은 진심으로 미안한 마음일까, 아니면 남에게 도움을 받았다는 데서 오는 수치스러운 마음일까.

《한비자》에는 "무함巫咸(은나라 때의 신비로운 무당)이 비록 주술에 뛰어날지라도 자신에게 닥칠 재앙을 막지 못했고, 진나라 의사秦醫(편작을 말함)는 비록 남의 병을 치료하는 데는 뛰어났지만 자신을 치료할 수는 없다(무함수선축 불능자불야 진의수선제 불능자탄야巫咸雖善

祝 不能自祓也 秦醫雖善除 不能自彈也)"라는 속담이 나온다. 제아무리 잘난 사람이라도 모든 일을 스스로 처리할 수 없다는 뜻이다. 관중도 포숙아鮑叔牙의 도움이 없었다면 제환공齊桓公을 만날 수 없었고, 초楚나라로 도망가 말을 키우던 백리해百里奚도 공손지公孫枝가 양가죽 다섯 장을 보내서 데려오지 않았다면 진목공秦穆公을 만나 재상이 될 수 없었을 것이다. 걸출한 능력을 갖춘 사람들조차 다른 사람의 도움 없이 혼자 힘으로는 그 자리에 오르지 못했다. 다른 사람의 도움을 받고 나서야 비로소 자신의 재능을 펼칠 수 있었다.

기꺼이 도움을 청하는 것도
용기다

어찌 보면 도움을 주는 것은 도움을 받는 것보다 쉬운 일이다. 줄 수 있는 사람이 되는 게 받아야만 하는 사람이 되는 것보다 마음이 편하기 때문이다. 줄 수 있는 사람이란, 가진 게 많다는 것을 의미할 뿐만 아니라 마음의 여유가 있다는 것을 나타내기도 한다. 누군가에게 도움을 받았을 때 감사한 마음을 가지고 되갚으려는 마음은 소중하지만, 그렇게 돌려주는 데 치중하면 언제나 도움을 받지 않으려 하는 마음이 생긴다. 받은 것을 돌려주어야 한다고 생각하는 순간 최대한 아무것도 받지 않으면서 살고 싶다는 생각이 들기 때문이다.

남의 도움을 거절하는 것은 순수한 마음에서 비롯되는 걸까.

만약 내가 도움받는 것을 수치스러운 일이라고 규정한다면, 나에게 받는 사람도 마찬가지로 자신을 부끄럽게 여겨야 한다고 생각하는 것과 같다. 내가 주는 것은 옳지만 받는 것은 옳지 않다는 생각은 나에게 도움을 받은 사람에 대해서도 좋지 않은 마음을 품었다는 것을 의미한다. 어쩌면 도움을 주면서 상대방보다 내가 우월하다는 오만한 생각을 가졌는지도 모른다.

다른 사람의 도움을 온전히 받을 수 있는 사람은 몰염치한 게 아니라 용기와 지혜를 가진 사람이다. 그런 사람들은 자신의 부족한 부분을 인정하고 다른 사람의 도움을 받아 채울 수 있다는 믿음이 있다. 이들은 남이 자신을 도와주는 것에 대해 수치스럽게 여기기보다는 감사하게 여긴다. 갚아야 한다는 마음도 소중하지만 받을 줄 아는 용기도 중요하기 때문이다. 남에게 기꺼이 배우고 어려운 상황에서 도움을 받을 줄 아는 사람은 결국 다른 사람의 어려움에도 공감하는 마음을 갖기 쉽다. 스스로 부족한 점을 인정하는 사람이 오히려 다른 사람의 결핍을 쉽게 포착할 수 있기 때문이다.

《중용》에는 "치욕을 알면 용기에 가까워진다(지치근후용知恥近乎勇)"는 말이 있다. 누군가에게 도움을 받는 것도 용기가 있어야 할 수 있다. 염치는 모든 사람에게 요구되는 미덕이기도 하지만 지금 당장 어려움을 겪고 있는 사람에게는 중요치 않다. 생존의 기로에 서 있는 사람에게 염치는 지나치게 허무맹랑한 말이다. 남을 돕고 살아야 하는 것도 중요하지만 어쩔 수 없는 경우에는 남에게 반드시 도움을 받아야 일어날 수 있는 경우도 있다. 그래서 염치보다는 치욕을 참아내는 것이 용기에 가까운 일이라고 하는 것이다.

남에게 도움을 줄 때만큼이나 도움을 받을 때 주저하지 말아야 한다는 생각이 든다. 기꺼이 도움을 받는 사람이라면 다른 사람의 어려움에 눈 감지 않고 발 벗고 나서서 도울 수 있는 사람이 될 수 있기 때문이다.

✳

사람은 누구나 자신을 위해 살지만
온전히 자기 힘으로만 살 수는 없다.

서로 도움을 주고받는 건
지극히 인간적이고 자연스러운 일이다.

✳

4
장

성장하는 나를 위한
일상의 원칙

습관을 반복하면
본성이 바뀐다

"일의 성과는 멈추지 않고 계속하는 데 있다.

새기다가 중도에 그만두면 썩은 나무도 부러지지 않는다.

새기고 새겨서 쉬지 않으면 쇠나 돌도 아로새길 수 있다."

공재불사 계이사지 후목부절 계이불사 금석가루

功在不舍 鍥而舍之 朽木不折 鍥而不舍 金石可鏤

_《순자》〈권학勸學〉

매일 똑같은 일을 반복하는 것, 하루의 작은 부분을 언제나 같
은 것으로 채우기란 쉬운 일이기도 하고 무척 어려운 일이기도 하
다. 그러나 하찮고 보잘것없는 일이라고 해도 하지 않으면 이룰 수
없고, 가닿을 수 없을 정도로 어려운 일이라도 오래 지속하다 보면
분명히 해낼 수 있다고 한다. 아무리 사소한 것이라도 멈추지 않아
야 하고, 아무리 불가능해 보이는 일이라도 꾸준해야 이룰 수 있다.

매일 루틴을

지킨다는 것

매일 멈추지 않고 노력한다면 정말 쇠나 돌에 아로새길 수 있게 되는 때가 올까. 매일 똑같은 노력을 반복하는 게 중요하다 해도 성과만 생각하며 지속하려고 하면 오히려 더 빨리 포기하게 된다. 성과가 언제 드러날지 모르고, 어쩌면 영원히 얻을 수 없을지도 모르기 때문이다.

꾸준히 해도 구체적으로 얻을 수 있는 게 없을지도 모른다면 왜 매일 똑같은 일을 반복해야 하는 걸까. 반복함으로써 얻을 수 있는 성과 말고 꾸준함 그 자체에서 얻을 수 있는 건 없을까.

매일 글을 쓰고 운동을 하기로 했을 때, 처음부터 가족들의 강력한 지지를 받으며 시작할 수는 없었다. 어떤 일을 시작할 때 그 일의 정당성을 획득하려면 강력하고 특별하거나 혹은 절박한 '이유'가 있어야 한다. 그게 없으면 가족에게조차 인정과 지지를 받기 어렵다. 나조차도 이 루틴을 지속할 수 있을지 확신할 수 없는데 어떻게 다른 사람을 먼저 설득할 수 있을까.

어린 딸에게 엄마만의 시간이 필요하다고 아무리 설명해도 아이는 이해하지 못했다. 아이에게는 전혀 중요한 일이 아니었다. 엄마의 시간이 모두 자기의 시간이길 바라는 것이 당연하다. 아이에게 습관이라는 의미를 이해시키는 것은 더더욱 말도 안 되는 일이었다. 그런 딸아이에게 매일 하루도 빠짐없이 내가 해야 하는 일을 지켜내는 모습을 보이는 노력을 해보았다. 매일 그 모습을 지켜보던 아이는 점차 처음의 반발이 무색할 정도로 그 시간만큼은 참고 기다리기 시작했다. 심지어는 내가 꼭 지킬 수 있도록 응원하고 도움을 주기도 했다. 정확한 이유는 알 수 없지만 엄마가 반드시 해야 하는 일이 있다는 사실을 인정하기 시작한 것이다. 그래서 루틴은 가족들에게 내가 하는 일에 대한 정당성을 얻고, 양해를 구하지 않아도 되게 하는 힘이 있다는 것을 알게 되었다.

멈추지 않는
자체로 의미가 있다

내가 갖가지 이유를 들어 설명해도 소용없었던 것이 매일 같은 모습을 보여줌으로써 자연스럽게 인정되었다. 그 어떤 강력한 정당성 없이 가족들에게 나의 시간이 무엇보다 중요하다는 인식을 심어줄 수 있었다. 그리고 가족이 보내는 믿음은 루틴을 지속하게 하는 힘을 주었다. 선순환이었다.

안자는 "습속이 본성을 바꾼다(습속이성習俗異性)"고 했다. 매일 꾸준히 이어오는 것은 나를 바꾸고 나를 바라보는 남들의 시선을 바꾼다. 남이 나에게 신뢰를 보내면 내가 몰랐던 나의 좋은 점이 드러나기도 한다. 다른 사람의 시선이 중요하지 않다고 하더라도 가족들의 믿음은 여전히 나에게 기쁨과 만족감을 준다. 가족이 보내준 믿음이 나의 성격에도 영향을 미치게 된 것이다.

　　순자가 강조한 것은 멈추지 않는 것이었다. 그래야 끝을 볼 수 있다는 것이다. 노자도 이와 비슷한 말을 했다. "백성이 일을 할 때는 항상 거의 이룬 것에서 패한다. 끝을 조심하기를 처음같이 하면, 패하는 일이 없다(민지종사 상어기성이패지 신종여시 즉무패사民之從事 常於幾成而敗之 愼終如始 則無敗事)"는 것이다. 그렇지만 나는 끝을 위해서 지속하는 것보다 지속하는 것 자체에 더 의미를 두고 싶다. 지속하는 힘이 언젠가 쇠나 돌에도 아로새길 수 있다는 것은 진리이다. 하지만 인간이라는 끈기 없고 조급한 존재가 저 멀리 있는 것을 간절히 바라면서 노력하기란 쉬운 일이 아니다. 끝이라는 것은 언제나 기약할 수 없다는 불안함을 안긴다. 먼 훗날 어떤 목표에 다다르게 될 것이라는 바람은 지금 당장의 마음에 크게 도움이 되지 않는다. 미래를 위해서만 노력하는 것은 나 같은 사람에게는 힘과 용기를 주기보다는 지속할 수 있는 힘을 빼앗고 현재에 집중하지 못하게 한다.

　　공자는 제자 안연顏淵에 대해 "나는 그가 나아가는 것은 보았어도, 멈춘 것을 보지 못했다(오견기진야 미견기지야吾見其進也 未見其止也)"고 평가한다. 뚜렷한 성취보다 중요한 것은 멈추지 않고 지속하는 데 있다. 나도 내가 매일 새기는 것이 나에게 앞으로 어떤 결과를 가져올지는 아직 모르겠다. 그러나 매일매일의 '아로새김鏤'이 지금 당장 나의 목표가 되고, 그 자체가 나에게 의미를 가지는 일이라고 간주하고 싶다.

　　목표는 중요하지 않다. 목표를 위해서 오늘 하루를 바로 세우려고 노력했다는 것이 더 중요한 의미를 갖는다. 그런 노력을 거듭하며 가족들의 신뢰를 얻었고, 성격도 달라지는 것을 느꼈다. 또한 예상과 어긋나는 결과가 생긴다고 해도 다시 일어날 수 있는 힘과 용기를 얻게 되었다. 그것만으로도 오늘 하루를 보고 최선을 다하는 것이 값진 의미를 가진다는 생각이 든다.

✵

이제는 닿을 수 없는 것에
지나치게 마음 쓰지 않는다.

멈추지 않는 과정에서 얻을 수 있는 게
많다는 것을 알기 때문이다.

✵

좋은 부모가 되는 길은
끝이 없다

"최고의 즐거움은 책 읽는 즐거움이고,

무엇보다 중요한 일은 자식을 가르치는 일이다."

지락 막여독서 지요 막여교자至樂 莫如讀書 至要 莫如教子

_《명심보감明心寶鑑》〈훈자訓子〉

관자는 "일 년의 계획은 곡식을 심는 것보다 중요한 것이 없고, 십 년의 계획은 나무를 심는 것보다 중요한 것이 없으며, 일생의 계획은 사람을 키우는 것보다 중요한 것이 없다(일년지계 막여수곡 십 년지계 막여수목 종신지계 막여수인一年之計 莫如樹穀 十年之計 莫如樹木 終身之計 莫如樹人)"라는 유명한 격언을 남겼다. 살아가면서 가장 중요하게 생각해야 하는 일은 무엇보다 자식을 제대로 가르치는 일이라는 뜻이다. 사람을 기르는 것만큼 정성을 들이고 오랜 노력을 기울여야 하는 일은 없다.

아이에게는
교육이 필요하다

맹자는 인간에게 "차마 남의 고통을 외면하지 못하는 마음(불인인지심不忍人之心)"이 있다고 했다. 어린아이가 우물에 빠지면 그 아이를 모르는 사람도 누구든 측은한 마음이 들고 구하려는 마음이 생기기 때문에 "인간은 본래 선하다性善說"고 주장한다. 맹자는 이처럼 '측은하게 여기는 마음惻隱之心'이 인仁의 단서이며, '부끄러워하는 마음羞惡之心'은 의義의 단서, '사양하는 마음辭讓之心'은 예禮의 단서, '시비를 가리는 마음是非之心'은 지智의 단서라고 했다. 누구나 마음속에 이 싹들을 가지고 있다. 그러나 싹이 있다고 해도 저절로 자라지는 않는다. 적정한 관리와 노력이 없으면 싹은 발현될 수 없다.

순자는 "인간은 악하게 태어난다性惡說"고 했다. 순자는 사람을 굽은 나무와 무딘 쇠붙이에 비유했는데, "굽은 나무는 반드시 도지개를 대고 불에 쬔 연후라야 곧게 되고, 무딘 쇠붙이는 반드시 숫돌에 갈고 닦은 연후라야 날카로워진다(구목필장대은괄증교 연후직枸木必將待檃括烝橋 然後直)"고 했다. 아무리 오랜 시간을 기다려도 저절로 굽은 나무가 곧아지고, 쇠붙이가 날카로워지는 것은 있을 수 없는 일이다. 제대로 쓰이려면 불에 쬐이고 숫돌에 갈고 닦는 엄청난 고통을 감내해야 한다. 인간은 본래 좋지 못한 습성을 가지고 태어나기 때문에 교육을 통해 그것을 제거하고 올바른 삶을 살도록 유도해야 한다는 것이다.

맹자는 교육을 통해 인간의 선한 마음이 발현되는 것이라고 하고, 순자는 교육을 통해서 악한 마음이 선한 마음으로 변한다고 한다. 출발선은 다르지만 모두 교육이 중요하다는 것을 강조한다. 애초에 가지고 태어나든, 그렇지 않든 올바른 인성을 갖춘 인간이 되기 위해서는 반드시 교육을 해야 한다는 것이다. 교육은 이처럼 사람이 사람답게 자라나기 위해서는 꼭 필요한 일이다.

부모가 아이를 가르치기보다는 믿기만 해도 스스로 잘 해나갈 수 있다는 말도 있다. 언제나 그런 이상적인 예외가 있을 것이다. 그러나 그런 예외에 내 아이의 인생을 시험해보고 싶지는 않다. 아이를 잘 키우려면 믿음도 필요하지만 때로는 단호하게 방향을 일러주어야 할 때도 있다고 생각한다.《명심보감》에는 "아이를 사랑하거든 매를 많이 들고, 아이를 미워하거든 먹을 것을 많이 줘라(연아 다여봉 증아 다여식憐兒 多與棒 憎兒 多與食)"라는 말이 있다. 읽기에 따라서는 거북하게 느껴지기도 한다. 하지만 아이가 바라는 것만 해주고, 단호하게 훈계하지 못하는 것은 좋은 부모의 모습이 아니라는 것을 강조하는 뜻일 게다.

믿음이나 사랑은 모두 좋은 말이지만 사람을 기르는 것이 언제나 그렇게 아름답고 좋기만 할 수는 없다고 생각한다. 아이가 좋아하는 것만 해주고, 싫어하는 것을 피하게 하는 것은 아이를 아끼는 일이 아니라, 아이에게 아첨하는 일이라는 생각마저 든다. 비록 아이의 원망을 살지언정 가르쳐야 하는 것은 분명히 가르치는 부모가 되어야 한다. 좋은 부모가 되는 길은 끝이 없고, 언제나 부족하다고 느끼는 것은 어쩔 수 없는 일이다. 그럼에도 절대로 포기해서는 안 되는 의무라고 생각한다.

스스로 일어설 수 있게
만드는 가르침

《근사록》에서는 "일찍 가르치지 않으면 점점 자라나서 안으로 는 물욕에 빠지게 되고 밖으로는 세속에 어지러워지게 되니, 마음 의 덕이 치우침이 없기를 바라더라도 어려울 것이다(교지부조 급기 초장 내위물욕소함닉 외위유속소쇄미 욕기심덕지무편박 난의教之不早 及其 稍長 內爲物欲所陷溺 外爲流俗所鎖靡 欲其心德之無偏駁 難矣)"라고 했다. 배우지 않 으면 쉽게 물욕에 빠지게 되고, 스스로를 돌아보기보다는 세속적인 가치에 휘둘리게 된다. 주관을 가지기보다는 이리저리 휩쓸리는 사 람이 될 가능성이 크다는 것이다. 그래서 배움은 사람의 성정이 한 쪽으로 치우치지 않도록 돕는다. 공부를 하면 한쪽으로 치우치는 우를 범하더라도 언젠가 그것을 깨닫는 순간이 찾아온다.

아이의 삶도 그렇게 순조롭지는 않을 것이다. 때로는 나와 비 슷한 고민을 할 때도 찾아오고, 또 전혀 다른 걱정을 하게 될지도 모 르겠다. 그럴 때 내가 직접 도와줄 수 있는 일은 많지 않을 것이다. 그러나 어렸을 때부터 공부의 의미가 무엇인지 알도록 하면 조금 수월하게 어려움을 극복해낼 수 있을 것이라 생각한다. 물론 그 의 미는 말로써 전달할 수 있는 종류는 아닌 것 같다. 각자 공부하고,

같이 공부하다 보면 스스로 배우는 것이 무엇이고 왜 해야 하는지 차차 이해하게 될 것이다. 이것이 가능하다면 아이 스스로 자신이 서 있는 곳이 어디이고, 무엇이 잘못되었는지 알아내기 위해 노력하리라 믿는다.

공자는 "그를 아끼면서 수고롭게 하지 않을 수 있겠는가? 진심이면서 깨우치게 하지 않을 수 있겠는가(애지 능물노호 충언 능물회호 愛之 能勿勞乎 忠焉 能勿誨乎)?"라고 했다. 어쩌면 가르치는 일은 스스로 배우는 것보다 더 수고롭고 고달픈 일일지도 모른다. 그럼에도 포기할 수 없는 이유는 교육은 사람을 애지중지하는 일이기 때문이다. 내가 사랑하는 사람이 앞으로 가야 하는 삶의 길에 대해 생각해본다면 자유로움을 추구하기만 하는 것이 얼마나 위험한 일인지 깨닫게 된다. 세상에 공부와 상관없는 일이 얼마나 될까. 어떤 일에나 배움이 필요하다. 나아가 어떤 삶을 살더라도 알기 위해 노력하는 자세는 도움이 된다.

인생의 길목마다 만나는 어려움 앞에서 스스로 배울 수 있는 자세를 갖춘 사람이라면 어떤 파고도 넘어설 수 있다고 믿는다. 아이의 삶은 아이의 것이고, 결과는 항상 아이가 만들어나가는 것이다. 다만 나는 그 과정 속에서 언제나 진지하게 도움을 주는 부모가 되고 싶다.

❋

한 인간의 성장과 발전에 정성을 쏟는 건
그 무엇과도 비할 수 없는 만족과 기쁨을 주는 일이다.

한 사람의 인생에 보탬이 되는 것보다
더 중요한 일은 세상에 없기 때문이다.

❋

인생의 깨달음은
한가로운 날에 온다

"어느 하루 맑고 한가로우면 나는 바로 그 하루의 신선이다."

일일청한 일일선—日淸閑 —日仙

_《명심보감》〈성심 상省心 上〉

날씨가 좋은 날 하늘을 올려다본다. 눈을 떼지 않고 흘러가는 구름을 바라본다. 이 순간에는 아무런 생각도, 아무 행동도 하지 않지만 구름을 통해서 한가로이 흘러가는 시간을 본다. 그러다 문득 나라는 존재가 이 세계에서 얼마나 미미하고 보잘것없는지 깨닫고 놀란다. 나는 본래 그런 존재임에도 계속 그 사실을 잊은 채 쉴 틈 없이 바쁘게만 살고 있기 때문이다.

평범한 하루의
특별함

사람들은 바쁘게 살다가 한가로운 시간을 보낼 수 있게 되면 다시 시간을 유익하게 소비하려고 한다. 아무것도 하지 않고 시간을 흘려보내는 것보다 바쁘게 채워야 더 의미 있고 보람차다 여기는 것이다. 무위無爲는 말 그대로 하지 않는 것이고 보이지 않는 것이기 때문에 쉽사리 부끄러운 것이라 여기게 된다. 그러나 한가로운 삶은 많은 조야한 것에서 해방되어 온전한 나를 만나는 것을 의미한다.

삶을 특별하게 대해야 한다고 생각하면 최대한 멋지게 포장하고 싶어진다. 다른 사람의 삶에는 뭔가 특별한 것이 있는 것처럼 보일 때가 있다. 외적으로는 얼마든지 화려하게 꾸밀 수 있기 때문에 언뜻 나와 다른 무언가를 영위하면서 사는 것처럼 보이는 것이다. 그러나 한 걸음 더 들어가 보면 꾸며져 있는 것 안에 그렇게 경탄할 만한 것이 없다는 사실을 알게 된다. 포장지가 좋다고 그 안의 물건까지 좋은 것은 아니다. 포장지가 너무 화려해서 오히려 그 안의 물건에 실망하는 경우처럼, 삶에 의미를 부여하고 다채롭게 꾸밀수록 그 안에 특별한 것이 없다는 데 실망하고 마는 것이다.

한가로운 날이라는 것은 나쁜 일도 좋은 일도 없고, 분명한 이름을 붙일 수 없는 그냥 그런 날이다. 그런데 하늘의 해와 구름이 흘러가는 것을 바라보는 것보다 경이로운 일이 있을까. 평범한 것처럼 보이는 하루지만 그 일상 속에서도 이미 특별한 것을 경험하고 있는 것이다. 아무것도 아닌 날을 흘려보내는 것은 권태와 게으름 그 이상도 이하도 아니라고 생각할 수 있을까. 한가한 날을 보낼 수 있는 사람이 많다고 하더라도 그날을 아무것도 하지 않는다는 무위의 고통으로 느끼지 않고 온전히 경험할 수 있는 사람은 많지 않다. 뭐든지 몸을 움직이며 열심히 해야 한다고 생각하는 사람은 시간이 생겨도 그것을 그대로 받아들이고 조용히 음미할 줄 모른다.

한가함을 견디는 것은 그래서 더 어려운 일이다. 그러나 그 모든 것을 다 벗어던지고 말 그대로 오롯이 나와 만나는 시간은 누구에게나 필요하다. 겉보기에는 아무것도 아닌 하루로 보이겠지만, 끊임없이 다종다양한 의미들로만 꽉 찬 마음을 비우는 시간이다. 공들여 이런 시간을 마련하고 마음을 비우고, 또 채우고, 다시 비우는 과정을 겪으며 삶을 대하는 방향을 잡아가야 한다. 이런 시간이 없으면 삶을 아무리 멋지게 포장한다고 해도 다른 사람들의 눈요깃감이 될 뿐 정작 나는 만족하지 못하고 메마른 삶을 살 수밖에 없다. 남들이 아니라 나에게 만족감을 줄 수 있는 삶을 살아야 한다. 타인이 옳다고 여기는 삶이 아니라, 내가 옳다고 여기는 삶에 무게를 두어야 하는 것이다.

가만히 있어야

느낄 수 있는 것들

시간은 누구에게나 공평하지만 누구에게나 불공평하기도 하다. 시간의 양은 같지만 질이 다르기 때문이다. 시간의 질을 높이는 것은 얼마나 더 삶을 성찰하고 아낄 수 있느냐에 달려 있다. 한가한 시간은 남에게 보여줄 수 있는 시간이 아니다. 사람들은 부지런히 움직이는 사람에게 생각이 있다고 말하고, 가만히 있는 사람에게 생각이 없다고 말한다. 부지런하고 근면한 사람이 언제나 좋은 평가를 받고 오랜 시간 고민하는 사람에게는 여유를 부릴 시간이 없다고 비난하곤 한다. 그래서 무위의 시간을 끝까지 무위로써 흘려보낼 수 있는 것도 용기와 인내가 필요하다. 아무것도 아닌 것처럼 보이지만 마음을 한가로움에 내놓고 즐길 수 있는 것은 쉽지 않은 일이다. 가만히 있는 것, 내면을 고요하게 들여다보는 것은 무엇보다 힘든 일이다. 장자는 몸을 움직이면 생각이 정지한다고 했다. 반대로 몸을 움직이지 않으면 생각이 많아지는 것을 '앉아서 내달리기坐馳'라는 말로 표현한다. 아무것도 하지 않는 한가한 시간일수록 사람은 더 많이 생각하고 더 많이 고민할 수밖에 없다는 것이다.

　나는 삶에 어려운 것들을 다 묻어두고 몸이 가는 대로 사는 것이 더 편하다고 느끼기도 했다. 몸을 움직이면 움직일수록 생각이 멈추기 때문에 오히려 한가로움을 피하는 것이 낫다고 생각한 것이다. 머릿속에 생각이 많아지면 마음은 무거워지고 그 무게를 감당하는 게 더 복잡하고 힘겹게 느껴지기 때문이다. 그러나 노자는 "무거움은 가벼움의 뿌리가 되고, 고요함은 시끄러움의 임금이 된다(중위경근 정위조근重爲輕根 靜爲躁君)"고 말한다. 가벼움만 있으면 가벼운 것을 알 수 없다. 또 다른 무거운 것이 있어야 가벼움을 알 수 있다. 마찬가지로 고요하기만 해도 진짜 고요함을 느낄 수 없다. 시끄러운 곳에 살다가 가끔 고요한 곳에 가야 평안함을 느끼는 것이다. 언제나 고요한 곳에 사는 사람에게 그 고요함이 좋은지 나쁜지 크게 와 닿지 않는 이유이다. 무의미함도 마찬가지이다. 의미를 가지기 위해서는 의미가 없어 보이는 시간도 필요하다. 한가로운 날일수록 마음은 더욱 무겁게 느껴지지만 가벼워지기 위해서는 반드시 스치는 고민들도 감내하는 시간이 필요하다. 나태함을 통해 생각지 못했던 진실이 떠오르고 아무것도 하지 않음에서 할 수 없었던 것을 할 수 있는 용기가 생겨나기도 한다.

　　장자는 "행복은 깃털보다 가벼운데 아무도 그 무게를 감당할 줄 모르고 재앙은 땅보다 무거운데 아무도 피할 줄 모른다(복경호우 막지지재 화중호지 막지지피福輕乎羽 莫之知載 禍重乎地 莫之知避)"고 했다. 행복은 타인이나 다른 사물에서 찾는 것이 아니라, 나에게 찾을 수 있는 것이기 때문에 깃털처럼 가볍다. 그런데 내가 아닌 다른 사물에서 찾으려 하기 때문에 찾지 못한다. 내 마음이 그 무엇보다 중요하다는 것을 알게 되면 공허함을 인내하면서 쓸모없이 흘려보내는 시간이 더 이상 의미 없는 것이 아니라 삶을 숙고하는 시간이라는 것을 깨닫게 된다.

　　한가로운 날은 누구에게나 똑같이 주어지지만 온전히 즐기는 것은 그 누구도 아닌 나 자신에게 달려 있다. 삶이 준 쉼표를 제대로 즐길 수 있다면 신선의 행복에 다다를 수 있을 것이다.

✳

무수하고 무한한 것들 사이에서
나를 위한 즐거운 고독이 절실하다.

그래서 때로는 나를
무위에 맡겨야 하는 시간이 필요하다.

✳

집착은
자족의 여유를 방해한다

"신발이 우리에게 가장 잘 맞는 경우는 우리가 발을 잊었을 때이고,

허리띠가 우리에게 가장 잘 맞는 경우는 우리가 허리를 잊었을 때이다."

망족 구지적야 망요 대지적야忘足 屨之適也 忘要 帶之適也

_《장자》〈전자방田子方〉

신발과 허리띠가 불편하면 자꾸 신경이 쓰인다. 아무리 중요한 일이 눈앞에 있어도 도무지 집중할 수가 없다. 착용했을 때 발과 허리를 잊고 지낼 수 있을 정도로 적당한 선에 머무를 줄 알아야 편안하고 좋은 것이라고 할 수 있다. 그래서 신발과 허리띠를 금이나 옥을 사용해서 값지게 만들고자 하면 오히려 쓸모없는 물건이 되어버리고 만다.

소유하는 것에
매몰된 삶

＼

소유는 신발과 허리띠와 비슷하다. 신발이 생활에 꼭 필요한 것처럼 소유도 인간의 삶에 없어서는 안 되는 중요한 것이다. 관자는 "창고가 가득 차면 예절을 알고, 입을 옷과 먹을 양식이 풍족하면 영광과 치욕을 안다(창름실 즉지예절 의식족 즉지영욕倉廩實 則知禮節 衣食足 則知榮辱)"고 말했다. 생계가 위협받을 정도로 적게 가지고 있으면 예의나 염치를 차릴 겨를이 없다는 것이다. 맹자는 "풍년에는 젊은이들이 나태해지고 흉년에는 젊은이들이 대부분 포악하게 되는데, 타고난 재질이 그처럼 다른 것이 아니라 그들의 마음을 빠져들게 하는 것이 그렇게 만드는 것이다(부세 자제다뢰 흉세 자제다폭 비천지강재이수야 기소이함닉기심자연야富歲 子弟多賴 凶歲 子弟多暴 非天之降才爾殊也 其所以陷溺其心者然也)"라고 했다. 많은 것도 문제지만 지나치게 부족한 것은 사람의 성정에 영향을 미친다는 뜻이다. 지나치게 없이 지내면 사람이 각박하고 인색해질 수 있다. 적절한 소유는 살아가는 데 여유를 가지게 한다.

공자는 "사치스러우면 불손해지고, 검소하면 고루해진다. 불손하기보다는 차라리 고루하라(치즉불손 검즉고 여기불손야 녕고奢則不孫 儉則固 與其不孫也 寧固)"라고 말한다. 어느 선까지 가지는 것은 인간을 인간답고 독립적으로 살아갈 수 있게 해주지만, 선을 넘어서는 순간 가지는 것 자체가 인간보다 더 높은 자리를 차지하게 된다. 인간의 삶이 소유에 우선하는 것이 아니라, 인간이 소유만을 위해서 살아가게 되는 것이다. 그래서 공자는 가지는 것보다 차라리 가지지 않는 것에서 오는 병폐가 낫다고 했다.

모든 생각이 가지는 것에 쏠리면 더 중요한 것을 잃기도 한다. 삶에서 중요한 가치는 보이는 것을 가지는 것만이 다가 아니다. 즐거움은 획득되는 순간 금세 마음에서 떠난다. 마음에 소유라는 광풍이 몰아치면 즐거움이나 만족감을 얻을 겨를도 없이 더 큰 욕구가 매번 그 자리를 대신한다. '화씨지벽和氏之璧'의 완벽함이 오히려 작은 손상도 눈에 쉽게 띄게 만드는 것처럼 소유에 있어서 완벽함을 추구하면 추구할수록 어긋나는 곳에 쉽게 드러나게 되어 있다.

소유보다는 만족에
초점을 맞춰야

가지고자 하는 마음은 죽을 때까지 떨쳐버릴 수 없다. 평범한 사람이 물욕에서 벗어나 현인들처럼 정신적인 것만 추구하면서 살수는 없는 노릇이기 때문이다. 다만 소유에 대한 마음이 내 삶의 대부분을 차지하게 하고 싶지는 않다. 가져야 하는 것도 알아야 하지만 가지지 못하는 것이나 불필요한 것들에 대해서는 포기하고 잊어버리면서 사는 것 또한 중요한 일이다. 때로는 가지고 싶은 마음을 내려놓고 다른 곳에 마음을 쓰면서도 즐거움을 추구할 수 있지 않을까. 물질적 소유가 아니라, 정신적 소유를 추구하거나 또 다른 가치에서 의미를 찾아볼 수 있지 않을까.

　부족하다는 것은 누구나 느끼는 감정이다. 물질적으로 안정되어 있어도 정서적인 면에서 부족함을 느낄 수도 있고, 또 그 반대의 모습을 가질 수도 있다. 그러나 물건을 소유하는 것에 의해 모든 것을 판단하는 삶은 끊임없이 부정적인 마음을 심어줄 것이 분명하다. 원하는 것을 온전히 소유할 수 있는 날은 영원히 찾아오지 않기 때문에 소유에만 마음을 쓰면 나에 대한 긍정의 마음도 절대 얻을 수 없게 될 것이다.

　신발과 허리띠는 필요한 물건이지만 발과 허리를 잊게 만들어야 좋은 것이라고 한다. 소유라는 것은 꼭 필요하지만 마찬가지로 삶의 모든 부분을 차지해서 다른 중요한 가치들을 잃게 만들어서는 안 된다. 한발 떨어져서 삶을 지켜보면 가져야 하는 것보다 이미 가진 것이 눈에 들어온다. 내가 가지지 못한 것보다는 가진 것에 집중할수록 삶의 만족도가 높아진다. 이미 가지고 있는 것을 생각해보면 가치를 헤아릴 수 없을 정도로 과분하다는 생각이 들기도 한다. 감사함과 만족감을 주는 것을 외면하고 없는 것을 가지고자 하는 부정적인 마음으로 나를 채울 이유가 없다.

　그럼에도 가진 것을 제대로 가지는 것은, 가지지 않는 것을 막연하게 가지길 원하는 것보다 훨씬 어렵게 느껴진다. 내가 이미 가진 것에 감사하고 아끼는 마음은 쉽게 생기지 않는다. 고민하고 반성하는 시간이 없으면 소유가 사람을 편리하게 해주는 것이 아니라, 사람이 소유를 위해서 살아가게 된다. 적당한 선은 누구에게나 똑같지는 않지만 최소한 어딘가에서 멈출 줄 아는 것은 중요한 일인 것 같다.

장자는 "지나치게 눈이 밝은 자는 오색(의 올바른 빛)을 어지럽히고 화려한 무늬에 혹하게 된다(변어명자 난오색음문장駢於明者 亂五色淫文章)"고 했다. 소유는 꼭 필요하지만 지나치면 기본이 되는 오색의 빛을 볼 수 있는 눈을 잃고 화려한 무늬만 추구하게 만든다. 기본을 잃으면 아무리 화려해도 아름다워 보이지 않는다. 소유는 중요하지만 지나치면 인간적인 마음 또한 잃게 만든다.

나는 가진 것도 많고 가지지 않은 것도 많다. 하지만 가진 것에 감사하고 가지지 않은 것에도 또한 감사하는 것이 마치 신발과 허리띠가 가장 편안한 상태가 되는 순간이라는 생각이 든다. 삶에서 소유는 중요하지만 삶의 기본을 잃을 정도로 지나치게 추구해서는 안 된다는 것을 알기 때문이다.

＊

부족한 것이 오히려 적당한 것이다.

가지면 가질수록 얻을 수 있는 것은
만족이 아니라 결핍이기 때문이다.

＊

44일차

배움을 계속해야
마음의 중심을 세운다

"흐르는 물은 썩지 않고, 늘 사용하는 문의 지도리는 좀이 먹지 않는데,

이는 움직이기 때문이다."

유수불부 호추불두 동야流水不腐 户樞不蠹 動也

_《여씨춘추呂氏春秋》〈진수盡數〉

아무리 깨끗한 물도 고이면 썩고, 나무도 그대로 있으면 썩기 마련이다. 자기가 가진 성질을 유지하기 위해서는 가만히 있는 것보다 움직이는 것이 낫다. 움직이는 것은 변화하기 위해서가 아니라, 오히려 같은 성질을 유지하기 위해서 필요하다. 물이 물의 모습을 유지하려면 흘러야 하는 것처럼 지금 같은 모습을 유지하려면 가만히 있지 말고 끊임없이 움직이고 노력해야 한다.

배움을
멈추게 되면

\

배우다가 배우기를 멈추면 오히려 배우지 않은 것보다 더 어리석은 모습을 보일 가능성이 있다. 내가 아는 것이 전부라고 생각하는 것만큼 위험한 일은 없기 때문이다.

송宋나라의 양공襄公은 초楚나라와 전쟁을 하게 되자 자신이 타는 어가에 '인의仁義'라는 글자를 쓰게 했다. 신하 공손고公孫固는 송나라의 군사는 적고 초나라의 군사는 많으니 초나라의 군사가 강을 건너기 전에 돌격해서 제압하자고 말하지만 양공은 저 인의라는 글씨가 보이지 않느냐며 초나라가 진지를 구축할 때까지 기다린다. 그러나 인의가 써진 큰 깃발을 순식간에 빼앗기고 많은 군사가 목숨을 잃는다. 양공도 넓적다리에 부상을 당하고 사흘 만에 죽는다. 이는 배움이 멈춰 생긴 재앙이다. 사안을 가릴 줄 모르고 인의도덕만 지나치게 흠모한 데서 온 후과인 것이다.

공자는 "인을 좋아하고 배우기를 좋아하지 않으면 그 병폐는 어리석게 된다. 지혜를 좋아하고 배우기를 좋아하지 않으면 그 병폐는 방탕하게 된다. 신의를 좋아하고 배우기를 좋아하지 않으면 그 병폐는 [남을] 해치는 것이 되는 것이다. 곧은 것을 좋아하고 배우기를 좋아하시 않으면 그 병폐는 박절하게 된다. 용기를 좋아하고 배우기를 좋아하지 않으면 그 병폐는 혼란하게 된다. 강한 것을 좋아하고 배우기를 좋아하지 않으면 그 병폐는 잘난 체하게 된다

(호인불호학 기폐야우 호지불호학 기폐야탕 호신불호학 기폐야적 호직불호학 기폐야교 호용불호학 기폐야란 호강불호학 기폐야광好仁不好學 其蔽也愚 好知不好學 其蔽也蕩 好信不好學 其蔽也賊 好值不好學 其蔽也絞 好勇不好學 其蔽也亂 好剛不好學 其蔽也狂)"고 했다. 배움을 게을리하지 않아야 인이 인으로 남고, 지혜가 지혜로 남고, 신의가 신의로 남게 된다는 뜻이다.

　　노魯나라에 미생微生이라는 사람은 다리 밑에서 사랑하는 여인과 만나기로 약속하지만 여인은 아무리 기다려도 오지 않았다. 미생은 소나기가 내리고 물이 불어도 약속을 지키기 위해 떠나지 않은 채 기다리다가 마침내 다리 기둥을 껴안고 죽는다. 미생은 '미생지신微生之信'이라는 말을 남길 정도로 신의로써 이름을 떨쳤다. 그러나 공자는 신의를 좋아하고 배움이 없다면 남을 해치게 된다고 말했다. 미생은 신의가 지나쳐서 남이 아니라 자기의 목숨조차 제대로 지키지 못한 것이다.

　　《중용》에는 "사람들은 모두 자신은 지혜롭다고 말하지만, 달리게 하여 그물이나 덫이나 함정 속에 들어가게 해도 아무것도 피할 줄 모른다. 사람들은 모두 자신은 지혜롭다고 말하지만, 중용을 택하여 한 달도 지킬 수 없다(인개왈여지 구이납제고획함정지중 이막지지피야 인개왈여지 택호중용이불능기월수야人皆曰予知 驅而納諸罟擭陷阱之中 而莫之知辟也 人皆曰予知 擇乎中庸而不能期月守也)"라는 말이 있다. 지나치지도 않고 모자라지도 않는 것 사이에서 중심을 지키는 것은 매우 어려운 일이라는 뜻이다. 사람은 한시도 고정적인 상황에 머무를 수 없기 때문에 중심을 잡았다고 생각한 순간에 이미 중심에서 벗어나기 마련이다. 따라서 언제나 배우고 생각하지 않으면 극단으로 치우칠 가능성이 있다. 아무리 좋은 것도 이처럼 극단으로 치우치면 병폐가 된다.

강한 의지 안에
유연함을 갖출 것

내가 알아야 하는 것이 끝났다고 생각하면 이미 극단으로 치우치는 어리석음을 범하기 쉽다. 아는 것을 유지하기 위해서는 알기 위해서 부단히 노력하고 멈추지 않아야 한다. 《주역》에서 항상성을 의미하는 항恒괘는 강함을 의미하는 우레震(☳)가 위에 있고, 유함을 상징하는 바람風(☴)이 아래에 있는 모습이다. 즉 항상성을 유지하려면 강한 의지 안에 언제나 유연함을 가지고 있어야 한다는 뜻이다. 정이천은 "항구성이란 한 가지로 고정된 것을 말하는 것이 아니니, 한 가지로 고정되면 오래 지속할 수가 없다. 오직 때와 상황에 따라 변화하고 바꾸는 것이 곧 오래 지속할 수 있는 방도(항비일정지위야 일정즉불능항의 유수시변역 내상도야恒非一定之謂也 一定則不能恒矣 唯隨時變易 乃常道也)"라고 한다. 흔히 항상성을 움직이지 않는 상태라고 여긴다. 그러나 안정감에 머무르기 위해서는 지속적인 변화에 스스로를 내맡겨야 한다.

공부는 내 마음을 멈추지 않게 해준다. 청나라의 좌종당左宗棠은 "배움이란 것은 강물을 거슬러 올라가는 배와 같아서 앞으로 나아가지 못하면 곧 퇴보하는 것이다(학습유여역수행주 부진즉퇴學習猶如逆水行舟 不進則退)"라고 말했다. 하루라도 노를 젓지 않으면 그대로 멈추는 것이 아니라 뒤로 밀려나게 된다는 것이다. 배우지 않는 것은 앞으로도 나아가지 않고 뒤로도 물러나지 않는 것이 아니다. 아무것도 하지 않으면 같은 자리에 고정되는 것이 아니라, 점점 더 뒤로 밀려나게 된다. 배움을 멈출 수 없는 이유는 변하는 시간 속에서 마음을 한결같이 잡아둘 수 없기 때문이다. 내 삶이 변하지 않는다고 해도 주위의 많은 것이 변하고 그에 따라 내 삶도 변화와 질곡을 겪기 마련이다.

장자는 "변화 속의 안정이란 변화가 있은 후 비로소 이루어지는 법이다(영녕야자 영이후성자야攖寧也者 攖而後成者也)"라고 했다. 흐르는 물이 썩지 않고, 손에 닿는 지도리에 좀이 생기지 않는 것처럼 마음의 변화도 삶을 건강하게 지탱해주는 것이다. 삶을 안온하게 살아가기 위해서는 마음을 끊임없이 움직여야 한다. 한쪽으로 치우치는 어리석음을 범하지 않기 위해, 또한 내가 가진 올바른 마음을 건강하게 유지할 수 있기 위해서 배우기를 그만둘 수 없다.

움직이는 것은 고정된 것보다 항상 위험하다는 생각이 든다. 하지만 고정된 것이 결국 더 많은 위험에 노출될 수밖에 없다. 물을 그대로 두면 썩는 것처럼 변화를 두려워하지 않고 슬기롭게 받아들여야 한다. 그래서 공부는 내가 가진 신념을 지키기 위해 유연성에 내맡기는 것이라고 정의할 수 있다.

＊

깨달음을 얻었을 때 배움을 멈춰서는 안 된다.

배움을 확신하는 것은 오히려

배우지 않았을 때보다

더 위험한 일이기 때문이다.

＊

일을 지속하려면
의미를 덜어내라

"복숭아나 오얏은 말을 하지 않지만 그 밑에는 샛길이 생긴다."

도리불언 하자성혜桃李不言 下自成蹊

_《사기》〈이장군열전李將軍列傳〉

복숭아나 오얏이 있는 곳에 길이 생기는 이유는 그 가치를 누구나 알고 있기 때문이다. 관자는 "단청은 산속에 묻혀 있어도 사람이 알고서 캐내려 들고, 아름다운 구슬은 깊은 물속에 있어도 사람이 알고서 꺼내려 든다(단청재산 민지이취지 미주재연 민지이취지丹靑在山 民知而取之 美珠在淵 民知而取之)"고 했다. 깊은 산속이든 물속이든 귀하기만 하면 어떤 방법으로도 사람들이 찾아낼 것이라는 뜻이다. 의미는 말로써 전달되는 것이 아니라 그 자체로 드러나는 것이다.

무거운 배는 앞으로
나아가지 못한다

어떤 일을 시작하게 되면 시작함과 동시에 끝으로 내달리는 내 마음을 발견한다. 이렇게 시작하면 앞으로 어떻게 될 것이고, 나중에는 더 큰 무엇이 될 수 있겠다는 큰 그림이 그려지는 것이다. 물론 그런 꿈을 꾸는 시간이 달콤한 행복을 가져다주기도 하지만 내가 하는 행동에 이런저런 의미를 부여하다 보면 지금 당장 해야 하는 것들이 시시하고 사소해 보인다. 또한 바로 앞에 놓인 것을 해내기도 전에 빨리 더 먼 곳에 닿고 싶은 욕심이 든다. 기기도 전에 걷고 싶고, 걷기도 전에 뛰고 싶은 마음이 생기는 것이다. 하지만 한달음에 멀리 갈 수 있는 사람은 없다. 지나친 의미 부여는 조급함과 욕심을 불러와서 할 수 있는 것도 할 수 없게 만들어버린다.

아주 사소한 습관이라고 해도 자꾸 의미를 부여하다 보면 버거워지는 순간이 찾아온다. 의미가 깊어지고 확장되면서 제 무게를 이기지 못하고 무너지는 것이다. 무거운 것은 오래 들고 다닐 수 없다. 지나치게 의미를 부여하는 것은 배를 타고 나가기 전에 무거운 짐을 싣는 것과 비슷하다. 무거운 짐은 배를 멀리 나가게 할 수 없다. 때로는 출항하기도 전에 포기하게 만든다. 내가 가진 오얏과 복숭아를 자랑하다 보면 그것들이 가진 가치가 나를 압도하면서 내가 할 수 있는 것조차 할 수 없게 무거워지는 것이다. 지속할 수 있으려면 가벼워야 한다. 가벼워야 꾸준히 이어갈 수 있고, 이어가다 보면 생각지 못했던 의미를 발견할 수도 있다. 하기도 전에 혹은 시작한 지 얼마 되지 않았는데 일찍부터 의미를 찾다 보면 나아가기는커녕 좌절과 조급함에 놓이게 된다.

시작부터 의미를 부여하는 것을 대단히 재미있는 상상이라고 착각한 적이 있었다. 그래서 뭘 하든 먼저 그 일에 대해 사람들과 이야기를 나누는 것을 좋아했다. 대화 속에서 나를 지지할 수 있는 것들이 있으면 좋겠고 그런 응원들을 받으면서 앞으로 나아가고 싶었다. 그러나 사람들의 판단이 나와 비슷하면 일이 이미 이루어진 것 같은 기쁨을 느꼈고, 그렇지 않을 때는 화가 나고 마음이 상했다. 하지만 일치하든 그러지 않든 실천은 온전히 나의 몫이다. 다른 사람에게 의미를 부여받는 것이 도대체 무슨 의미가 있을까.

가벼운 발걸음으로
한 걸음씩 나아가기

공자는 "자신의 말보다 먼저 실천하고 나서 (말이) 행동을 따르도록 하라(선행기언이후종지先行其言而後從之)"고 했다. 행동이란 항상 말에 미치지 못한다. 애초에 나와 남들의 말에 매달릴 필요가 없다. 아무리 말로 장황하게 떠들어대도 다른 사람은커녕 나 자신조차 설득하기 어렵다. 의미는 말이 아니라 행동이 뒷받침되면 저절로 드러나게 되어 있다. 자신 있게 했던 말들을 지키지 못하면 자기 자신에게 실망하는 마음만 커질 수 있다.

지나친 의미 부여는 그 일을 끝내고 나서도 공허한 느낌이 들게 한다. 그러나 아무리 유의미한 일을 한다 해도 끝은 대개 허무함과 아쉬움을 남긴다. 허무함은 무언가를 다시 시작하는 데 도움이 되지 않는다. 그래서 나는 가벼운 마음으로 하고자 하는 일에 몰두해야 한다는 생각을 한다. 중요한 건 의미를 가지는 일이 아니라, 매일 지속할 수 있는 힘이기 때문이다. 의미 부여는 매일 똑같은 노력을 하는 데 오히려 방해가 될 수 있다.

지속하기 위해서는 가벼운 발걸음이 필요하다. 이제는 쓸데없는 의미 부여로 나를 무겁게 해서는 안 된다는 것을 안다. 그래야 어떤 일이든 끝을 볼 수 있기 때문이다. 만일 좋은 결과가 있다면 자연스럽게 의미를 가지게 되는 것이고, 원했던 결과가 아니었다고 해도 마무리를 통해 내 나름의 의미를 찾을 수 있을 것이다. 결국 의미는 시작이나 과정 중에 얻어지는 게 아니라 끝에 자연스럽게 부여되는 것이라는 생각이 든다. 그래서 나는 이제는 뭘 하든 뜻깊은 이유나 암시로 주춤하지 않도록 의식적인 노력을 하려고 한다. 의미보다는 실행이 먼저이기 때문이다. 어떤 이유로도 발을 무겁게 하는 것을 멀리하고 싶다.

《귀곡자鬼谷子》에는 "강한 것도 원래는 약한 것이 쌓여 이뤄진 것이고, 곧은 것도 원래는 구부러진 것이 쌓여 이루어진 것이고, 여유가 있는 것도 원래는 부족한 것이 쌓여 이뤄진 것이다(위강자 적어약야 위직자 적어곡야 유여자 적어보족야為強者 積於弱也 為直者 積於曲也 有餘者 積於步足也)"라는 말이 나온다. 시작부터 강한 것이 없고, 시작부터 여유 있는 것은 없다. 의미를 부여하는 것은 시작부터 강한 것, 곧은 것과 여유가 있는 것을 바라는 것과 같다. 노력도 하기 전에 많은 것이 갖추어지고 많은 것이 이루어지기를 바라는 욕심인 것이다.

시작은 이처럼 보잘것없지만 지속되면 저절로 무거운 의미를 지닌다. 그럼에도 경쾌한 시작과 지속성을 가지려면 무거운 의미를 잊고 오로지 매일을 실천하는 데 마음을 써야 한다. 복숭아나 오얏이 있는 길에 자연스럽게 샛길이 만들어지는 것처럼 나에게도 나름의 의미가 생기는 날이 찾아올 것이기 때문이다. 의미의 무거움을 벗어버리고 꾸준한 노력을 하는 것이 나만의 샛길을 만드는 유일한 방법이라는 생각이 든다.

✳

나는 무엇이 되었든 단순하고
가벼운 마음으로 실천하고자 한다.

깊은 의미를 부여하는 것은
나의 한결같은 각오를 방해할 뿐이기 때문이다.

✳

천 갈래의 마음을
한 가지로 집중하라

"날다람쥐는 다섯 가지 재주를 가지고 있지만 한 가지 재주도 뛰어나지 못하다."

혜서오능 불성기술鼷鼠五能 不成伎术

_《안씨가훈顏氏家訓》〈성사편省事篇〉

잘 달리는 동물은 날개가 없고, 잘 날아다니려면 다리가 적어야 한다. 어금니가 날카로우면 뿔이 없고, 뿔이 있으면 어금니가 없다고 한다. 많은 일을 동시에 잘할 수는 없다. 많은 일을 벌이지 말고 한 가지에만 몰두하는 것이 근심을 줄이고, 정교하고 지극한 경지에 오를 수 있는 길이다. 유능해지려면 힘을 유용한 것에 집중해야 한다. 결실을 얻으려면 잡초를 부단히 뽑아야 하는 것처럼 삶의 경중을 알고 중요하지 않은 것들은 모두 흘러가도록 두어야 한다.

모두 이루려고 하면

하나도 이루기 어렵다

여러 분야에서 두각을 나타내는 이들이 있다. 하지만 대부분의 사람들에게는 한 분야에서 좋은 성과를 내는 것조차 쉽지 않은 일이다. 그런데 나는 어떤 결실을 맺고자 하는 의지조차 없었던 것 같다. 내 삶에는 하지 않아도 되는 걱정들, 걱정해도 소용없는 자질구레한 일들이 너무 많았다. 그래서 당장 할 수 있는 중요한 일이 무엇인지 알지 못하고 할 수 없는 것들에만 애를 태웠다.

양자楊子의 이웃 사람이 양을 잃어버려서 자기네 집안사람들뿐만 아니라 양자네 하인까지 빌려서 양을 찾아 나섰다. 양자는 한 마리의 양을 찾기 위해서 어찌 이렇게 많은 사람들이 동원되어야 하는지 묻는다. 이웃 사람은 갈림길이 많기 때문이라고 말한다. 그런데 갈림길에서 또 다른 갈림길이 나오니 어찌 할 바를 몰라 결국 양을 찾지 못했다고 한다(양기다망多歧亡羊). 이 고사는 너무 많은 길이 한 가지 목표를 이루는 데 도움이 되지 않는다는 것을 말해준다. 많은 길 앞에서 망설이지 않고 목표를 이루기 위해 노력하지 않으면 단 한 가지 목표에도 닿을 수 없다.

유안은 "장사꾼은 여러 가지를 손대면 가난하게 되고 기술자는 기술이 많으면 궁색하게 되는데 이것은 마음을 한결같게 하지 않기 때문이다(매다단즉빈 공다기즉궁 심불일야買多端則貧 工多技則窮 心不一也)"라고 했다. 많은 것을 한 번에 하려고 하면 마음이 분산되어서 절대 잘

할 수 없다는 것이다. 내게 주어진 역할들을 모두 완벽하게 해나가려고 하면 단 하나도 잘할 수 없는 것도 이와 다르지 않다. 모든 것을 다 잘하려는 욕심보다 마음을 전일하게 가져가서 내가 충심으로 마음을 써야 하는 것과, 언제나 기본을 유지해야 하는 정도에 머물러야 하는 것을 구분할 수 있어야 한다.

　마음을 분산시키지 않도록 하는 것은 중요하다. 그러나 먼저 내 삶이 정돈되고 바탕이 되어야 하고자 하는 일에 마음을 쏟을 수 있다. 그래서 나는 전심전력이 여타 다른 것들을 다 무시하고 하나에만 집중하는 것이라고 생각하지 않는다. 꿈을 찾는 게 나에게 중요한 것이라고 하더라도 가족이나 친구는 언제까지나 내 삶의 기본이다. 기본을 무시하고 앞만 보고 내달리는 것이 아니라, 내가 하고자 하는 것에 집중하기 위해서는 인생에서 바탕이 되는 여타의 것들에 대해서도 진지한 마음을 가져야 하는 것이다.

삶을 정돈하여
목표에 집중할 것

　나는 삶을 박차고 꿈으로만 돌진하는 것은 삶을 잃고 꿈을 좇는 일이라고 생각한다. 목표라는 것은 나의 인생 안에서 성취되어야 한다고 생각한다. 내가 하고자 하는 것은 내 삶의 기반 위에서 쌓아가는 것이기 때문이다. 그래서 꿈이 단 하나여야 한다는 것에는 동의하더라도 그게 곧 내 삶의 전부는 아니라고 생각한다.

갈림길에서도 망설이지 않고 하나의 길을 가려면 우선 나를 지탱해주는 삶이 안정적이어야 한다. 한 분야에서 익숙해지려면 오랜 시간과 부단한 노력이 필요하다. 이를 위해 나의 삶도 흔들림 없이 지켜야 한다.

공자는 "큰 덕德에서 한계를 넘지 않는다면, 작은 덕德들에서는 느슨하게 해도 좋다(대덕불유한 소덕출입가야大德不逾閑 小德出入可也)"고 했다. 이는 비단 덕에만 적용되는 깨달음은 아닌 것 같다. 바른 삶을 살기 위해 큰 덕이 무엇인지, 작은 덕들이 무엇인지 스스로 구분할 수 있어야 하는 것처럼 한 가지에 몰두하기 위해서는 주위의 것들을 어떻게 규정하고 다루어야 하는지 고민해보아야 한다. 내가 하고자 하는 것이 있기 때문에 아주 작은 것들은 무시해야 하지만, 기본이 되는 것들은 오히려 더욱 변함없는 모습을 가지고 나의 목표를 응원해줄 수 있도록 해야 하는 것이다.

공부를 하겠다는 한 가지 목표가 있었을 때 그 목표를 이루려면 다른 것들을 더 정돈된 모습으로 유지해야 한다는 것을 알게 되었다. 공부가 중요해질수록 공부를 할 때만큼은 방해받지 않아야 했기 때문이다. 따라서 목표를 위해 노력하지 않는 시간에 더 충실하게 삶을 가꾸고 바로 세우는 것에도 진심을 다해야 했다. 이는 마음을 분산시키는 것이 아니라, 수많은 갈림길을 스스로 제거하는 일이있다. 삶을 정돈하지 않으면 내가 가야 하는 하나의 길조차 명확하게 보이지 않았기 때문이다.

장자는 "두 갈래 길에서 망설임이 많아지면 목적지에 갈 수 없다(이이수종혹 이소적부득의以二垂踵或 而所適不得矣)"고 했다. 많은 경험이 삶을 풍부하게 한다 해도 진심을 다해 한 방향으로 나아가야 원하는 곳에 도착할 수 있다는 것이다.《안씨가훈》의 안지추顔之推는 뭐든지 잘하는 사람을 믿지 않는다. 하나에만 전념해야 잘할 수 있게 되는 날이 올 것이라고 한다. 다른 것들은 조금 뒤처져도 상관없지만 나의 삶을 지탱해주는 것들이라고 한다면 기본을 유지하는 것에도 마음을 잃지 말아야 한다. 그것들을 딛고 내가 원하는 단 한 가지의 방향으로 나아갈 수 있도록 해야 하기 때문이다. 꿈은 꼭 필요하지만 삶에서 벗어나는 것이 아니라, 삶 위에 바로 세워져야 하는 것이다.

❋

단 하나의 목표를 이루기 위해서는
삶의 곳곳을 정돈하고 바로 세워야 한다.

그래야 일상이 꿈을 지탱하고,
더욱 견고해진 꿈이 다시 일상에 보탬이 되는
선순환을 경험하게 된다.

❋

편리함보다
배움이 즐겁고 소중하다

"교묘한 수법으로 일을 진척시키려는 마음이 가슴속에 머물면,

순수함과 소박함이 갖춰지지 않을 것이다."

기심존어흉중 즉순백불비機心存於胸中 則純白不備

_《장자》〈천지天地〉

　　자공이 한 노인을 보았다. 그 노인은 물 항아리를 가지고 직접 우물로 들어가서 물을 길어와 밭에 물을 주었다. 들이는 힘에 비해 성과는 보잘것없었다. 자공은 뒷부분이 앞부분보다 더 무겁도록 만든 나무 장치를 소개한다. 방아두레박이었다. 장자는 노인의 입을 빌려 교묘한 방법으로 작동되는 장치는 교묘한 수법으로 펼쳐지는 활동을 하게 만든다고 비판한다. 그런 사람은 반드시 교묘한 수법으로 일을 진척시키려는 마음, 즉 기심機心이 발동한다는 것이다.

　　기심이란 기계에 의존하는 마음에 머무는 것을 의미한다. 편리

하고 섬세한 것보다 불편하고 거친 것을 좋아하면 마음에 순수함과 소박함이 갖춰지고 나아가서 도를 갖추게 된다고 하는 것이다. 장자는 사람이 힘을 적게 들여 큰 성과를 얻고자 하는 마음이 커질수록 자기가 본래 가진 뜻에서 멀어질 수 있다고 말한다. 교묘한 수법을 가지면 가질수록 인간이 본래 가져야 하는 인간성에서는 멀어지게 된다. 기계는 어쨌든 더욱 눈부신 발전을 거듭하겠지만 이를 대하는 사람은 사람다움에 대한 고민을 잃지 말아야 한다는 것이다.

　장자는 자공의 입을 빌려 노인과 같은 사람은 '덕이 온전한 사람(전덕지인全德之人)'이고, 편리함만 추구하기만 한 자신과 같은 사람은 '바람과 파도에 표류하는 자(풍파지민風波之民)'라고 불릴 만하다고 말한다. 인간으로서 편리함과 불편함에 따라 이리저리 표류하지 말고, 스스로 온전한 의지를 가지고 기계를 대해야 한다는 뜻이다.

편리함만 좇으면
즐거움은 멀어진다

기계가 발전하고 기계에만 의존할수록 몸은 편하지만 더 유약해지고 섬세함과는 거리가 멀어지고 있다는 기분이 든다. 과학적으로 딱히 증명하지 않아도 몸과 마음이 서로 영향을 준다는 것은 누구나 알 수 있다. 몸이 할 일이 줄어들면 줄어들수록 마음도 그만큼 거칠고 조악해지는 것을 느끼게 되는 것이다. 사람은 불편해야 몸을 움직이고 생각을 한다. 따라서 불편함은 쓸모없는 것이 아니라 오히려 쓸모 있는 것이다. 편리한 것이 더 좋다고 생각하면 할수록 불편하다는 생각이 마음속에 더 크게 자리 잡는 것 같다. 기심을 가지면 가질수록 불편함에서 벗어나는 것에 지나치게 마음이 끌리는 것이다. 한편으로는 기쁨이나 만족감보다는 죄의식이나 불안함을 느끼기도 하는 것 같다. 나라는 한 인간이 사람답게 사는 방법은 무엇일까. 최첨단 기술을 발 빠르게 익히고 적응하기만 하면 온전한 사람으로 살 수 있다고 할 수 있을까. 내가 할 수 있는 일이 점차 줄어들고 기계들이 할 수 있는 일이 많아지면 나의 시간이 늘어나고 그만큼 내 삶도 더욱 풍부하고 만족스러워질까.

하지만 점점 더 직접 배우지 않고, 알아야 할 필요도 느끼지 못한다면 나라는 인간은 도대체 어디에서 존재의 필요성을 찾아야 할까. 이렇게 따지다 보면 나의 존재 자체에 대해서도 불확실한 마음이 생긴다. 기계가 대체하는 것에 대해 더 이상 배우고 익힐 '필요가 없다'는 말만 한다면 내가 원하는 일은 먹고 마시고 어슬렁거리는 일뿐이다. 비와 햇볕을 기다리고 있는 식물처럼 나도 그렇게 입에 넣어주고 생각도 대신 해주길 바라는 것일까. 기계가 해줄 수 있는 것이 많은 세상이 오면 내가 해야 하는 것이 줄기 때문에 마냥 기쁜 마음으로 기다려야 하는 것일까.

편리함 덕분에 내 시간이 더 많아진다고 해서 더욱 만족스러워 할지는 잘 모르겠다. 기계가 기계다움을 넘어 인간다움에 가까워지는 세상이기 때문이다. 기계가 나를 대체할 가능성이 있다는 것은 나를 의심과 불안에서 벗어나기 어렵게 한다. 내가 나와 똑같

은 생각을 하는 기계를 기계 이상의 것으로 받아들일 수 있을까. 동
물의 권리가 높아지는 것처럼 기계의 권리도 사람에 버금가게 지속
적으로 높여야 하는 것일까. 이런 생각들은 과학자나 철학자의 몫
이기도 하지만 나라는 개인에게도 불안한 미래를 예견하게 만든다.

배워서 스스로 해내야
비로소 특별해진다

뭐든지 배우기는 쉽지는 않다. 하지만 그 과정을 통해서 얻을
수 있는 것은 꼭 기술의 문제만은 아니다. 번역기가 지금보다 훨씬
정교해지고 심지어 사람보다 더욱 정확해진다고 하면 더 이상 외국
어를 배울 필요가 없게 될까. 어떤 사람들은 번역기가 타국의 문화
를 즐기고 관계를 이어가는 데 부족할 것이라고 말한다. 나는 그보
다 기계에 의해 배움의 기회가 박탈당하지 않게 하는 것이 더 중요
하다고 생각한다. 새로운 기술이 내 일상을 편리하게 만들어주었다
고 해서 궁금해마지 않고 배우고자 했던 것을 포기해서는 안 된다
고 생각한다. 배움은 그 자체만으로도 충분히 즐거운 일이고, 스스
로의 힘으로 만들어낸 것의 의미는 다소 부족한 면이 있을지언정
특별하기 때문이다.

노자는 "기운을 오롯이 하고 부드러움을 다하니, 능히 어린아
이이다(전기치유 능영아호專氣致柔 能嬰兒乎)"라고 했다. 뭐든지 편리하
고자 하는 욕망에서 벗어나 아이처럼 순수한 마음을 잃지 말아야

한다는 것이다. 나는 간편하고 효율적인 것보다 불편함 속에서 몸과 마음이 모두 건강해지는 선순환을 경험하고 싶다. 때론 어린아이와 같은 호기심을 잃지 않고 싶다. 물론 그것을 나누는 경계가 일정하지 않을 것이라는 점을 안다. 비록 편리한 것에서 완전히 벗어날 수는 없지만 맹목적으로 따르기보다는 나만의 판단과 의지를 가지고 대처하고 싶다.

기계화와 편리함이 옳든 그르든 이에 대해 고민한다는 것 자체가 나의 인간다움을 잃지 않는다는 느낌을 준다. 내가 직접 해보는 것이 많아지면 많아질수록 배우고 느낄 수 있는 것 또한 많아질 것이다. 그것이 내가 '바람과 파도에 표류하는 자'가 되지 않는 길이라는 생각이 든다.

✸

밖의 것이 교묘해지면
안의 것은 그만큼 투박해진다.

편리함만 추구하다 보면
내 안에 남는 것이 없게 된다.

✸

---------- **48일차** ----------

나만의 속도로
살아가라

"토끼를 보고 사냥개를 찾아도 아직 늦은 것이 아니고,

양을 잃고 우리를 고치는 것 또한 결코 늦은 것이 아니다."

견토이고견 미위만야 망양이보뢰 미위지야見兎而顧犬 未爲晩也 亡羊而輔牢 未爲遲也

_《전국책戰國策》〈초책楚策〉

초나라의 대부 장신莊辛은 경양왕頃襄王에게 음란과 사치를 일삼고 국정을 돌보지 않는다면 초나라는 필시 망하게 될 것이라고 간언한다. 그러나 경양왕은 그 말을 흘려들어 대비하지 않았고, 결국 진나라에 땅을 빼앗기게 된다. 경양왕은 장신의 충고를 듣지 않은 자신을 탓한다. 그러자 장신은 아직 늦지 않았다고 말한다. 토끼를 보고 사냥개를 부르거나 양을 잃고 우리를 고치면 이미 토끼와 양은 잃은 것이지만, 늦었다고 후회하는 데 그치지 말고 개선하고 대비하는 데 초점을 맞추는 게 더 현명한 일이라는 것이다. 공자는

"잘못하고서도 고치지 않는 것, 이것을 잘못이라고 한다(과이불개 시위과의過而不改 是謂過矣)"고 했다. 이는 잘못을 알고 나서 고치는 것은 더 이상 잘못이 아니라는 것과도 같은 말이다.

늦었다는 걸 알면서도
시도하는 용기

《여씨춘추》에는 "성인은 때를 만들 수는 없지만 능히 그 일을 때에 맞출 수 있다(성인불능위시 이능이사적시聖人不能為時 而能以事適時)"라는 말이 있다. 상황이 달라지는 것은 어찌해볼 수 없는 도리이지만 자기에게 적합하게 만드는 것은 자신의 역량에 달렸다는 말이다. 적기에 해낼 때 가장 쉽고 효과적이라는 것은 부정할 수 없다. 그러나 이미 적기를 놓쳐버렸다고 해서 포기해야만 할까. 적기에 할 때보다 이루기 힘들고 고민해야 할 것도 더 많아졌지만, 포기하는 것보다는 포기하지 않는 게 더 유익한 일이 아닐까. 적기라는 것을 고정적으로만 받아들이면 무엇이든 다시 해볼 수 있는 힘을 가지기 어렵기 때문이다.

세상에 늦었다고 생각한 적이 없는 사람이 있을까. 제때 하지 않으면 다 늦은 것이다. 그런데 제때라는 게 구체적으로 무엇을 의미하는 것인지 정확히 알지 못한다. 늦어도 30대 안에 모든 것을 이루어야 하는 것을 말하는 것일까. 그런데 누가 봐도 늦은 나이에 뭔가를 해내는 사람들이 있다. 때가 아니라는 것을 인정하더라도 해보고 싶은 것을 해보는 용기를 가진 사람들이다. 그들에게는 그 일이 제때 했을 때만큼의 효용성을 가지는지 여부가 큰 의미가 없다. 만약 적기에 일을 해냈다면, 늦었다는 것을 알면서도 시도해보는 용기와 의지에 있어 그렇게 강렬한 인상을 남기지 않았을지도 모른다. 하고 싶다는 마음이 들었을 때 늦었다고 포기하면 세상에 할 수 있는 일이란 게 있을까. 다시 어린 시절로 돌아가지 않는 한 아무것도 시작할 수 없을 것이다.

늦었다는 것은 상대적인 말이다. 비슷한 나이에서는 내가 늦었다는 생각이 들지만, 나보다 나이가 많은 사람들은 나한테 기회가 많다고 말한다. 50대가 보면 40대에게 무한한 기회가 있는 것처럼 보이고 60대에게는 50대가 또 그렇게 보이는 것과 마찬가지이다. 늦었다는 것은 어떤 위치나 관점에서 보느냐에 따라 늦었을 수도 있고 그렇지 않을 수도 있다. 그래서 누군가의 관점에서 늦었든 늦지 않았든 언제나 나에 대해서 늦었다고 판단하기보다 기회가 있을 거라고 생각하고 싶다. 이미 늦었다는 것조차 스스로 해보고 확인하는 게 더 낫다고 생각하기 때문이다. 양은 이미 놓쳤지만 또 다른 기회가 생겨서 양을 우리에 가둘 수 있을지도 모른다. 만약 양을 다시 얻을 수 없을지라도 우리를 고치는 과정은 반성의 시간으로 앞으로 나아갈 수 있는 힘을 줄 것이다. 그래서 나는 불확실하지만 후회만 하는 것보다 외양간을 수리하고 정돈하는 일을 택하고 싶다.

모두 각자의
속도로 살아간다

소를 잃고 외양간을 고쳐도 소용이 없다는 말과 양을 잃고 우리를 고쳐도 늦지 않다는 말 중에 하나를 선택한다면 나는 후자를 선택할 것이다. 뭐든지 나에 대한 믿음이 우선이기 때문이다. 순자는 "목표를 세워 가 닿을 데가 있다면 천리가 비록 멀더라도 혹 늦고 혹 빠르면 혹 앞서고 혹 뒤처질 것이나 어찌 가 닿을 수 없겠는가(즉천리수원 역혹지혹속 혹선혹후 호위호기불가이상급야則千里雖遠 亦或遲或速 或先或後 胡爲乎其不可以相及也)"라고 했다. 나의 목표와 속도는 다른 사람들과 다르다. 다른 사람들이 어디에서 시작했는지, 내가 지금 어디에 있는지도 다르다. 가고자 하는 곳만 명확하다면, 아침에 출발해서 밤늦게 도착한다고 해도 도착한 것은 도착한 것이다. 인생의 속도도 마찬가지이다. 빨리 도달한 사람이 많아 보이면 나는 언제쯤 도착할지 몰라 불안하기도 하다. 그래도 내가 가야 하는 길로 가기만 하면 훨씬 더 늦게, 심지어 노년에 도착한다고 해도 도착했다는 것에 의미를 부여하고 싶다.

삶에서 가장 중요한 시기에 능력을 발휘하고 대비하는 것이 더 좋은 것이라면, 스스로에 대해 만족하며 사는 사람이 얼마나 될까. 그런데 또 그런 삶을 산 사람이 더 깊이 있고 좋은 삶을 산다고 할 수 있을까. 삶의 여정에는 굽이굽이 어려움이 닥치고 예상치 못한 일이 펼쳐진다. 항상 대비하지 못하는 것은 어떻게 보면 당연하다.

미처 예상치 못한 일을 통해 삶을 대하는 시각이 깊어지고 배우는 게 많아진다면 오히려 '적기'를 한 번도 놓치지 않고 순탄한 삶을 산 사람보다 더 많은 깨달음을 얻을 수 있다고 생각한다.

노자는 "큰 그릇은 늦게 만들어지고, 큰 소리는 희미한 소리이며, 큰 모양은 얼굴이 없다(대기만성 대음희성 대상무형大器晚成 大音希聲 大象無形)"고 했다. 이미 늦었다고 생각하는 사람들에게 용기를 북돋는 말이다. 물론 기다리기만 하면 이루어질 것이라고 안일하게 생각해서는 안 된다. 계속해서 노력하면 아무리 늦어도 이룰 수 있는 날이 올 것이라는 믿음을 가져야 한다. 토끼를 보고 나서라도 사냥개를 준비시켜야 하고, 소를 잃어도 외양간을 고쳐야 하는 것처럼 늦었다는 생각이 들 때 포기해서는 안 된다.

사람의 삶이 영원하지 않기 때문에 적기라는 말, 늦었다는 말이 있는 것이겠지만 내가 내 삶의 끝을 맞이하면 이미 나는 끝을 모르는 상태가 된다. 그래서 끝을 준비하고 많은 것을 포기하는 데 마음을 쏟는 것보다 차라리 끝이 없다는 생각을 가지고 용기를 잃지 않도록 스스로를 다독이면서 살고 싶다.

＊

나는 어떤 면에서는 빠르고
어떤 면에서는 늦기도 하다.

다만 내가 간절히 하고 싶은 것에 대해서는
늦었다고 생각하지 않을 뿐이다.

＊

기다림은
감정을 흘려보내게 한다

"기다림은 믿음을 가지고 있어 빛나고 형통하며

올바름을 지키고 있어 길하니 큰 강을 건너면 이롭다."

수 유부 광향 정길 이섭대천需 有孚 光享 貞吉 利涉大川

_《주역》〈수괘需卦〉

《주역》 '수需괘'는 기다림을 의미한다. 괘의 형상으로 보면 아래에는 강건함을 의미하는 '건乾(☰)'이 있고 위에는 위험함을 의미하는 '감坎(☵)'이 있다. 아래에 있는 강건함이 위로 나아가려고 하지만 위에 있는 위험을 만나서 나아갈 수 없는 모습이라고 한다. 강건함이라는 것은 어려움을 만났을 때 바로 맞서는 것을 가리키지 않는다. 위험을 만나면 좌절하지 않고 기다리는 여유가 있어야 한다는 것이다. 어려운 일이 앞에 놓여 있을 때 '진실한 마음과 올바름을 가지고貞吉' 굳게 기다리는 것 또한 매우 강인하고 지혜로운 모습이라는 것이다.

사사로운 감정을
흘려보낼 수 있는 여유

참아야 하는 일이 많아지면 많아질수록 억울하고 속이 상한다. 나는 언제나 참는 것보다 참지 않는 게 이로운 일이라고 생각하면서 성장했다. 어른이 되어서도 꽤 오랫동안 불합리하다고 느끼는 것에는 거리낌 없이 말하는 게 참는 것보다 중요하다고 생각했다. 마치 가시덩굴을 지나가는 기사처럼 바로 앞에 보이는 덩굴을 칼로 제거해야 하는 수고로움을 스스로 감당하고자 했던 것이다. 그러나 그런 태도가 나에게 그리고 주변 사람들에게 좋은 일이었을까.

사람의 의지와 상관없이 때때로 바람이 불고 비가 내린다. 인내는 그러한 외적인 압력 앞에서 마음을 지킬 수 있는 한 가지 마음 자세이다. 그러나 나는 본래 외적인 것에 흔들리지 않는 인내보다 덩달아 요동치는 삶을 선택했다. 항상 바깥의 상황에 일희일비하면서 대응해야 정의로운 것이라는 어리석은 생각을 가지고 살았던 것이다. 불합리하다고 생각하는 상황에 분노하는 것이 옳은 삶의 태도라고 생각했다. 그러나 외부가 아니라 내면을 들여다볼 지혜가 조금이라도 있었다면 참지 못해 지나치게 분노하는 일 따위는 없었을 것이다.

장자는 "가장 큰 용기는 싸우고 싶어 안달하지 않는다(대용불기大勇不忮)"고 했다. 진짜 용기는 불합리한 일이 생길 때마다 나서서 다투려하지 않는다는 것이다. 물론 부조리한 일에 분노를 표출하고 행동으로 옮기는 것은 의미가 있다. 사회의 정의에 대해 의견을 내고 실천하고자 하는 것은 내 감정을 해소하고자 하는 목적을 가지는 것이 아니기 때문이다. 하지만 자질구레한 것들 앞에서 일일이 나의 감정을 드러냈던 것은 사회를 이롭게 하는 것은 만무하고 나에게 일말의 도움도 주지 않는 태도였다.

공자는 "교묘한 말은 덕을 어지럽힌다. 사소한 일을 참지 못하면 원대한 계책을 그르치게 된다(교언난덕 소불인즉난대모^{巧言亂德 小不忍則亂大謀})"고 했다. 기분이 상하고 화나게 하더라도 사소한 일은 지나치고 넘겨야 자신이 이루고자 하는 큰 방향을 지킬 수 있다는 것이다. 원대한 계책이라는 것은 내가 살아가면서 가장 중요하게 생각하는 것, 가장 간절하게 이루고자 하는 것을 의미할 수도 있다. 그 길로 가고자 할 때, 마음을 상하게 하고 참고 싶지 않은 일은 너무나 많다. 그러나 그런 일에 일일이 간섭해서 스스로를 힘들게 할 필요는 없다. 치욕스러웠던 감정들, 참지 못해서 했던 행동들은 모두 내 마음에 쌓여 내가 가야 할 곳으로 빨리 도달하지 못하도록 만든다.

내 마음대로 되지 않아도
동요하지 말 것

《채근담》에는 "남이 나를 속이는 것을 알면서도 말로 드러내지 않고, 남에게 모욕을 당하더라도 낯빛이 변하지 않는다면, 이러한 태도 가운데 말로 표현할 수 없는 깊은 의미와 헤아릴 수 없는 효용이 담겨 있다(각인지사 불형어언 수인지모 부동어색 차중유무궁의미 역유무궁수용覺人之詐 不形於言 受人之侮 不動於色 此中有無窮意味 亦有無窮受用)"는 말이 나온다. 나에게 가장 중요한 것은 남의 감정이 아니라 나의 감정이다. 남이 나에게 함부로 이야기하고 무시하면 나도 그에 맞춰서 참지 못하고 분노를 표출해야 할까. 남의 말과 의도에 휘둘려 치욕이라고 여기고 감정을 통제하지 못하는 것이 옳은 일일까. 타인의 말에 흔들리지 않고 모욕적인 말에도 조용히 나의 길을 갈 수 있다면 그 또한 상당한 용기다. 깊은 의미와 헤아릴 수 없는 효용은 바로 남보다 자신을 소중히 여기는 강건한 마음을 가리키는 것이다. 만약 내가 의연하게 대처한다면 나에게 모욕을 준 사람도 내 앞에서는 무력할 수밖에 없다. 내가 받아들이지 않는다면 그 누구도 모욕적인 말로 상처를 주고 앞을 가로막을 수 없기 때문이다.

나에게 세상의 중심은 나이지만 세상에게 나는 중심이 될 수 없다. 나에게도 나만의 이유가 있듯이, 다른 사람들에게도 나름의 이유와 상황이 있을 것이다. 나를 위한 수만 가지의 변명거리를 찾아낼 수 있는데 왜 타인을 위한 한두 가지의 변명거리는 찾아내지 못할까. 이것은 순자가 말한 "군자는 자신을 바로잡는 데는 먹줄 치듯 하며 남과 사귀는 데는 예를 사용하듯 한다(군자지도이즉이승 접인즉용설君子之度已則已繩 接人則用抴)"라는 주장과는 정반대되는 모습이다. 타인에 대해 그토록 분노를 느끼는 이유는 타인의 잘못은 먹줄을 치듯 엄격하고 나에 대해서는 관대한 태도를 가지고 있기 때문이다.

　　장자는 "마음을 다른 사물들에 노닐게 하고, 자신의 중심을 기르기 위해 부득이함에 스스로를 내맡기는 것은 한 사람이 이를 수 있는 최고의 경지이다(승물이유심 탁부득이이양중 지의乘物以游心 託不得已以養中 至矣)"라고 말했다. 부득이함에 몸을 맡긴다는 것은 바보처럼 참지 못하고 세상이 원하는 대로 이끌려 가는 게 아니다. 쓸데없이 부정적인 마음을 가지면 다른 누구도 아닌 내가 살아가는 데 전혀 도움이 되지 않는다. 대부분 그대로 흘려보내면 보낼수록 나의 중심이 무엇인지 분명히 드러난다. 장자가 말하는 부득이함도 역시 사람이 살면서 어찌할 수 없는 외부적인 것이다.

　　남에게 속임을 당하고, 모욕을 당하는 일은 누구나 피하고 싶은 일이지만 누구나 겪을 수 있는 일이다. 그럼에도 어쩔 수 없는 상황에서 불필요한 감정들에 마음을 쓰지 않으면 않을수록 더 가볍게 내가 가고자 하는 방향으로 갈 수 있다. 내 의지로 어쩔 수 없는 상황에 일일이 힘을 쓰고 분노를 표출하기보다 잔잔히 몸을 맡기는 것, 즉 마음이 동요하지 않게 하고 중심을 잃지 않는 것이 인생을 살아가는 궁극의 지혜다.

✻

괴로움이나 어려움을 흘러보내고 나면
후회가 남지 않는다.

헤아릴 수 없는
삶의 효용을 배웠기 때문이다.

✻

끝이 보이면
다시 시작하라

> "다른 사람이 한 번에 (제대로) 할 수 있다 해도 나는 백 번이라도 하며,
>
> 다른 사람이 열 번에 할 수 있다 해도 나는 천 번이라도 한다."
>
> 인일능지기백지 인십능지기천지 人一能之己百之 人十能之己千之
>
> _《중용中庸》〈제25장第25章〉

세상에는 탁월한 사람들이 너무나 많다. 무슨 일이든 단번에 쉽게 처리하는 사람을 보면 나는 지금껏 무얼 하고 살았나 하는 생각도 들고 쉽게 좌절하기 마련이다. 그렇다고 그들이 내가 아무것도 할 수 없는 이유가 되어서는 안 된다. 어디 하나 뛰어난 구석은 없지만 한 가지는 스스로 결심할 수 있기 때문이다. '우공이 산을 옮기는 것愚公移山'처럼 끝까지 해야 한다는 마음만은 포기하지 않는 것이다.

마지막은
끝이 아니라 시작

＼

하루에 한 문장씩 음미하다 보니 어느새 마지막 날에 이르렀다. 오롯이 내 삶에 대해 고민하고 생각했던 시간은 마음의 분노를 일으키고 아픈 곳을 찌르기도 했다. 자책에서 완전히 벗어나는 게 여전히 쉽지 않다는 생각이 든다. 그럼에도 책을 읽고 정리하는 과정 속에서 조금이나마 주변을 둘러보고 깊이 살펴보는 기회를 얻었다. 내가 마음을 상하게 했던 사람들에게 미안한 마음을 가지기도 했고, 부족한 나와 언제나 함께해주는 사람들에게 감사한 마음을 가지기도 했다. 더불어 내가 남을 미워하고 원망했던 것이 거의 나에게서 비롯되었다는 것을 알게 되었다. 또한 남의 눈치를 보고 남이 좋아하는 것을 좇는 것이 나를 이롭게 하는 것이 아니라, 오히려 불행하게 한다는 것을 깨달았다. 결국 타인이 아니라 나에게 집중해야 나에게도 다른 사람에게도 더 유익하다는 것을 조금은 이해할 수 있게 되었다.

《주역》은 하늘乾과 땅坤이 시작되고 인간의 삶이 상황과 때에 따라 변화를 겪는 이야기를 싣고 있다. 그런데 재미있는 점은 마지막에 등장하는 괘가 끝이 아니라 시작을 의미한다는 것이다. '이미 강을 건넜다'는 의미를 가진 '기제既濟괘'는 끝맺음을 의미하지만, 마지막인 64번째가 아니라 마지막에서 두 번째인 63번째에 등장한다. 마지막에는 오히려 '아직 건너지 않았다'라는 '미제未濟괘'로 끝이 난다. 미제괘는 불을 상징하는 '이離괘(三)'가 위에 있고, 물을 상징하는 '감坎괘(三)'가 아래에 있는 형상이다. 불이 물 위에 있으니 상호작용을 이루지 못하므로 미완성을 의미한다. 〈서괘전書卦傳〉에서는 이에 대해 "어떤 것도 궁극적으로 끝날 수는 없으므로, 미완성을 상징하는 미제괘로 받아서 끝마쳤다(물불가궁야 고수지이미제종언物不可窮也 故受之以未濟終焉)"라고 해석한다. 이는 완성했다고 생각했을 때 다시 미완성으로 들어가는 인생의 진리를 보여주는 것이다.

　글의 내용과 상관없이 마무리를 하고 나면 홀가분한 마음이 들 줄 알았다. 그러나 이제는 부족한 부분이 너무 많이 보여서 만족스럽다기보다는 아쉬움이 남는다. 잘 쓰는 것보다 꼭 마무리를 해야 한다는 마음으로 여기까지 왔지만 여전히 좋은 글을 쓰지 못한다는 점을 받아들이는 일은 쉬운 일이 아닌 것 같다. 하지만 여기까지 쓰지 않았다면 나의 부족한 점을 제대로 파악하지 못했을 것이다. 아예 쓰지 않았거나 중간에 그만두었다면 허술한 글에 대한 부끄러움은 없었겠지만 고쳐야 하는 부분이 무엇인지는 영원히 알 수 없었을 것이다. 《주역》의 이치처럼 이것이 완성이 아니라 미완성으로 다시 돌입하는 문이 되어준다고 생각한다면 그래도 위안이 된다. 지금의 부족함을 아쉬운 마음으로 채우기보다는 또 다른 도전의 도구로 삼아야 한다는 마음이 더욱 커지는 것이다. 배움에도 완벽한 성취나 끝이 없다는 진리를 통해 마음을 다독이며 멈추지 않고 공부를 이어가야 하겠다고 다짐하는 것이 나에게 더욱 이로운 일인 것 같다.

아는 것과 알지 못하는 것
사이에서 방황하기

매일 고전 한 문장을 음미하는 것이 배움이라고 정의한다면 그 배움의 크기는 말할 수 없이 사소하고 단편적이라고밖에 할 수 없다. 고전이라는 태산 앞에서 한 줌의 흙을 쥐어본들 산에 올랐다고는 할 수 없기 때문이다. 또한 내가 안다고 생각했던 한 줌의 흙도 어느새 바람에 실려 가서 남은 것은 한두 개의 모래알에 지나지 않는다는 것도 안다. 그러나 지금 내가 얼마나 많은 것을 알고 깊게 이해했는지, 그 크기는 중요하지 않다. 알고자 하는 욕구와 꾸준히 이어가는 힘은 하나의 모래알로만 평가될 수 없기 때문이다.

나의 삶이 지금까지 크게 달라지지 않았던 것처럼 앞으로도 극적인 변화가 생길 수 있을까에 대해서도 장담할 수 없다. 내 삶이 나에게는 매우 흥미진진한 것처럼 느껴지지만 남들과 크게 다를 바 없이 흘러갈 것이라는 사실도 부정할 수 없는 일이기 때문이다. 일반적인 삶의 궤적에서 크게 벗어나는 삶을 살고 있지 않더라도 나는 같은 마음으로만 대하면서 살고 싶지 않다. 삶이란 겉으로 보면 비슷하지만, 대하는 태도는 배움을 지속하면서 충분히 달라질 수 있다고 생각하기 때문이다. 똑같은 경험을 하더라도 삶을 음미하고 그 속에서 가치를 찾아내는 일은 배움을 지속할 때 가능해진다. 만일 그럴 수 있다면 배움은 특별하지 않은 삶에서 특별함을 찾아주는 역할을 하는 것일지도 모르겠다.

노자는 "알면서 알지 못한다는 것은 상이요, 알지 못하면서 안다는 것은 병이다(지부지 상 부지지 병知不知 上 不知知 病)"라고 했다. 아는 것과 알지 못하는 것 사이에서 방황하는 것이 안다고 생각하는 것보다는 훨씬 지혜로운 삶의 태도라는 것이다. 나는 알면서 알지 못한다고 말하는 '상上'에는 다다를 수 없더라도, 배움을 통해 알지 못하면서 안다고 하는 '병病'에서 만큼은 벗어날 수 있다고 생각한다. 무지와 지 사이에서 방황하는 것은 이미 어느 정도는 무지에서는 벗어났다는 것을 의미하는 것이기 때문이다.

배우는 것은 확신하기 위해서가 아니라 방황을 멈추지 않기 위해서 이어져야 한다. 그래서 나는 남들이 한 번에 할 수 있는 일은 백 번이라도 지속할 것이며, 남들이 열 번에 할 수 있는 일이라고 해도 그 이상의 노력을 기울일 것이다. 아는 것의 크기가 아니라 알고자 하는 마음을 멈추지 않는 것이 더 중요하다는 것을 이제는 알기 때문이다.

✸

어떤 것도 궁극적으로 끝날 수 없다고 한다.

그렇다면 내가 나에게 바라는 것은

노력을 게을리하지 않는 것 말고는 없다.

마무리는 언제나 아쉬움을 남긴다.

그러나 그 아쉬움이

새로운 시작의 계기가 되어주기도 한다.

✸

참고문헌

《관자》, 관중, 김필수 · 고대혁 · 장승구 · 신창호 옮김, 소나무, 2016

《귀곡자》, 귀곡자, 신동준 옮김, 인간사랑, 2020

《근사록집해 1》, 주희 · 여조겸 편저, 엽채 집해, 이광호 역주, 아카넷, 2016

《근사록집해 2》, 주희 · 여조겸 편저, 엽채 집해, 이광호 역주, 아카넷, 2017

《논어》, 공자, 김원중 옮김, 글항아리, 2013

《대학 중용》, 증자 · 자사, 김원중 옮김, 휴머니스트, 2020

《맹자》, 맹자, 박경환 옮김, 홍익출판사, 2018

《명심보감》, 추적 엮음, 백선혜 옮김, 홍익출판사, 2021

《묵자 1》, 묵적, 이운구 옮김, 길, 2012

《묵자 2》, 묵적, 윤무학 옮김, 길, 2015

《사기세가》, 사마천, 김원중 옮김, 민음사, 2019

《사기열전 1》, 사마천, 김원중 옮김, 민음사, 2019

《사기열전 2》, 사마천, 김원중 옮김, 민음사, 2019

《소학》, 주희 · 유청자 엮음, 윤호창 옮김, 홍익, 2021

《손자병법》, 손자, 김원중 옮김, 휴머니스트, 2019

《순자 1》, 순자, 이운구 옮김, 한길사, 2018

《순자 2》, 순자, 이운구 옮김, 한길사, 2019

《안씨가훈》, 안지추, 유동환 옮김, 홍익출판사, 2013

《안자춘추 1》, 안자, 임동석 옮김, 동서문화동판, 2009

《안자춘추 2》, 안자, 임동석 옮김, 동서문화동판, 2009

《여씨춘추》, 여불위, 김근 옮김, 글항아리, 2018

《열자》, 열자, 김학주 옮김, 연암서가, 2017

《유향의 전국책》, 유향, 신동준 역주, 인간사랑, 2017

《장자》, 장자, 앵거스 그레이엄 해설 및 편역, 김경희 옮김, 이학사, 2015

《장자》, 장자, 안동림 역주, 현암사, 2018

《정관정요》, 오긍, 김원중 옮김, 휴머니스트, 2020

《주역》, 정이천 주해, 심의용 옮김, 글항아리, 2009

《주역계사강의》, 남회근, 신원봉 옮김, 부키, 2018

《주역전의 상》, 성백효 역주, 전통문화연구회, 2017

《주역전의 하》, 성백효 역주, 전통문화연구회, 2017

《채근담》, 홍자성, 김성중 옮김, 홍익출판사, 2019

《한비자》, 한비자, 김원중 옮김, 휴머니스트, 2016

《회남자 상》, 유안 편찬, 이준영 해역, 자유문고, 2020

《회남자 하》, 유안 편찬, 이준영 해역, 자유문고, 2020

《老子》, 권오현 옮김, 일신서적, 1990

나를 깨우는 하루 한 문장 50일 고전 읽기

어른의 새벽

1판 1쇄 발행 2022년 10월 5일
1판 2쇄 발행 2024년 1월 12일

지은이 우승희
펴낸이 고병욱

기획편집실장 윤현주 **책임편집** 김경수 **기획편집** 한희진
마케팅 이일권, 함석영, 복다은, 임지현
디자인 공희, 백은주
제작 김기창 **관리** 주동은 **총무** 노재경, 송민진

펴낸곳 청림출판(주)
등록 제2023-000081호

본사 04799 서울시 성동구 아차산로17길 49 1009, 1010호 청림출판(주)
제2사옥 10881 경기도 파주시 회동길 173 청림아트스페이스
전화 02-546-4341 **팩스** 02-546-8053

홈페이지 www.chungrim.com
이메일 cr2@chungrim.com

ⓒ 우승희, 2022

ISBN 978-89-352-1389-4 03100